卞尺丹几乙し丹卞と
Translated Language Learning

The Communist Manifesto

Комунистическият манифест

Karl Marx & Friedrich Engels

Карл Маркс и Фридрих Енгелс

English / Български

Published by Tranzlaty
ISBN: 978-1-83566-460-5
Original text by Karl Marx and Friedrich Engels
The Communist Manifesto
First published in 1848
www.tranzlaty.com

Introduction
Въвеждането

A spectre is haunting Europe — the spectre of Communism
Призрак преследва Европа – призракът на комунизма
All the Powers of old Europe have entered into a holy alliance to exorcise this spectre
Всички сили на стара Европа влязоха в свещен съюз, за да прогонят този призрак
Pope and Czar, Metternich and Guizot, French Radicals and German police-spies
Папа и цар, Метерних и Гизо, френски радикали и германски полицейски шпиони
Where is the party in opposition that has not been decried as Communistic by its opponents in power?
Къде е партията в опозиция, която не е заклеймена като комунистическа от опонентите си на власт?
Where is the Opposition that has not hurled back the branding reproach of Communism, against the more advanced opposition parties?
Къде е опозицията, която не е отхвърлила упрека на комунизма срещу по-напредналите опозиционни партии?
And where is the party that has not made the accusation against its reactionary adversaries?
И къде е партията, която не е повдигнала обвинения срещу своите реакционни противници?
Two things result from this fact
От този факт произтичат две неща
I. Communism is already acknowledged by all European Powers to be itself a Power
I. Комунизмът вече е признат от всички европейски сили като сила
II. It is high time that Communists should openly, in the face of the whole world, publish their views, aims and tendencies

II. Крайно време е комунистите открито, пред лицето на целия свят, да изложат своите възгледи, цели и тенденции

they must meet this nursery tale of the Spectre of Communism with a Manifesto of the party itself

те трябва да посрещнат тази детска приказка за призрака на комунизма с манифест на самата партия

To this end, Communists of various nationalities have assembled in London and sketched the following Manifesto

За тази цел комунисти от различни националности се събраха в Лондон и скицираха следния манифест

this manifesto is to be published in the English, French, German, Italian, Flemish and Danish languages

този манифест трябва да бъде публикуван на английски, френски, немски, италиански, фламандски и датски език

And now it is to be published in all the languages that Tranzlaty offers

И сега предстои да бъде публикуван на всички езици, които предлага Транзлати

Bourgeois and the Proletarians
Буржоа и пролетариите

The history of all hitherto existing societies is the history of class struggles

Историята на всички съществуващи досега общества е история на класовите борби

Freeman and slave, patrician and plebeian, lord and serf, guild-master and journeyman

Свободен човек и роб, патриций и плебей, господар и крепостен, майстор на гилдията и калфа

in a word, oppressor and oppressed

с една дума, потисник и потиснат

these social classes stood in constant opposition to one another

Тези социални класи са в постоянна опозиция една на друга

they carried on an uninterrupted fight. Now hidden, now open

те водеха непрекъсната битка. Сега скрити, сега отворени

a fight that either ended in a revolutionary re-constitution of society at large

борба, която или завършва с революционно преустройство на обществото като цяло

or a fight that ended in the common ruin of the contending classes

или борба, която завърши с обща разруха на съперничещите класи

let us look back to the earlier epochs of history

Нека погледнем назад към по-ранните епохи на историята

we find almost everywhere a complicated arrangement of society into various orders

почти навсякъде откриваме сложно подреждане на обществото в различни категории

there has always been a manifold gradation of social rank

Винаги е имало разнообразна градация на социалния ранг

In ancient Rome we have patricians, knights, plebeians, slaves

В древен Рим имаме патриции, рицари, плебеи, роби

in the Middle Ages: feudal lords, vassals, guild-masters, journeymen, apprentices, serfs

през Средновековието: феодали, васали, майстори на гилдии, калфи, чираци, крепостни селяни

in almost all of these classes, again, subordinate gradations

в почти всички тези класове, отново подчинени градации

The modern Bourgeoisie society has sprouted from the ruins of feudal society

Съвременното буржоазно общество е поникнало от руините на феодалното общество

but this new social order has not done away with class antagonisms

Но този нов социален ред не е премахнал класовите противопоставяния

It has but established new classes and new conditions of oppression

Той само създаде нови класи и нови условия на потисничество

it has established new forms of struggle in place of the old ones

тя установи нови форми на борба на мястото на старите

however, the epoch we find ourselves in possesses one distinctive feature

Епохата, в която се намираме, обаче притежава една отличителна черта

the epoch of the Bourgeoisie has simplified the class antagonisms

епохата на буржоазията опрости класовите противоположности

Society as a whole is more and more splitting up into two great hostile camps

Обществото като цяло все повече се разделя на два големи враждебни лагера

**two great social classes directly facing each other:
Bourgeoisie and Proletariat**

две големи социални класи, които са точно обърнати една
срещу друга: буржоазия и пролетариат

**From the serfs of the Middle Ages sprang the chartered
burghers of the earliest towns**

От крепостните селяни на Средновековието произлизат
чартърните бюргери от най-ранните градове

**From these burgesses the first elements of the Bourgeoisie
were developed**

От тези граждани се развиват първите елементи на
буржоазията

The discovery of America and the rounding of the Cape

Откриването на Америка и заобикалянето на носа

**these events opened up fresh ground for the rising
Bourgeoisie**

тези събития отварят нова почва за надигащата се
буржоазия

**The East-Indian and Chinese markets, the colonisation of
America, trade with the colonies**

Източноиндийският и китайският пазари, колонизацията
на Америка, търговията с колониите

**the increase in the means of exchange and in commodities
generally**

увеличаването на средствата за размяна и на стоките като
цяло

**these events gave to commerce, navigation, and industry an
impulse never before known**

Тези събития придават на търговията, корабоплаването и
индустрията неизвестен досега импулс

**it gave rapid development to the revolutionary element in
the tottering feudal society**

тя дава бързо развитие на революционния елемент в
разклатеното феодално общество

**closed guilds had monopolised the feudal system of
industrial production**

затворените гилдии монополизират феодалната система на промишленото производство

but this no longer sufficed for the growing wants of the new markets

Но това вече не беше достатъчно за нарастващите нужди на новите пазари

The manufacturing system took the place of the feudal system of industry

Производствената система зае мястото на феодалната система на индустрията

The guild-masters were pushed on one side by the manufacturing middle class

Майсторите на гилдиите са изтласкани на една страна от производствената средна класа

division of labour between the different corporate guilds vanished

Разделението на труда между различните корпоративни гилдии изчезва

the division of labour penetrated each single workshop

разделението на труда прониква във всяка отделна работилница

Meantime, the markets kept ever growing, and the demand ever rising

Междувременно пазарите продължаваха да растат непрекъснато, а търсенето непрекъснато нарастваше

Even factories no longer sufficed to meet the demands

Дори фабриките вече не са достатъчни, за да отговорят на изискванията

Thereupon, steam and machinery revolutionised industrial production

След това парата и машините революционизират промишленото производство

The place of manufacture was taken by the giant, Modern Industry

Мястото на производство е заето от гиганта Modern Industry

**the place of the industrial middle class was taken by
industrial millionaires**

Мястото на индустриалната средна класа беше заето от
индустриални милионери

**the place of leaders of whole industrial armies were taken
by the modern Bourgeoisie**

мястото на водачите на цели индустриални армии беше
заето от съвременната буржоазия

**the discovery of America paved the way for modern industry
to establish the world market**

откриването на Америка проправя пътя на съвременната
индустрия да установи световния пазар

**This market gave an immense development to commerce,
navigation, and communication by land**

Този пазар дава огромно развитие на търговията,
корабоплаването и комуникациите по суша

**This development has, in its time, reacted on the extension
of industry**

Това развитие навремето реагира на разширяването на
промишлеността

**it reacted in proportion to how industry extended, and how
commerce, navigation and railways extended**

тя реагира пропорционално на това как се разширява
индустрията и как се разширяват търговията,
корабоплаването и железопътните линии

**in the same proportion that the Bourgeoisie developed, they
increased their capital**

в същата пропорция, в която се развива буржоазията, те
увеличават капитала си

**and the Bourgeoisie pushed into the background every class
handed down from the Middle Ages**

и буржоазията изтласква на заден план всяка класа,
предадена от Средновековието

**therefore the modern Bourgeoisie is itself the product of a
long course of development**

следователно съвременната буржоазия сама по себе си е
продукт на дълъг път на развитие

**we see it is a series of revolutions in the modes of
production and of exchange**

виждаме, че това е поредица от революции в начините на
производство и на размяната

**Each developmental Bourgeoisie step was accompanied by a
corresponding political advance**

Всяка стъпка в развитието на буржоазията беше
придружена от съответен политически напредък

An oppressed class under the sway of the feudal nobility

Потисната класа под влиянието на феодалното
благородничество

**an armed and self-governing association in the mediaeval
commune**

въоръжено и самоуправляващо се сдружение в
средновековната комуна

**here, an independent urban republic (as in Italy and
Germany)**

тук, независима градска република (както в Италия и
Германия)

there, a taxable "third estate" of the monarchy (as in France)

там облагаема "трета власт" на монархията (както във
Франция)

afterwards, in the period of manufacture proper

след това, в периода на производство

**the Bourgeoisie served either the semi-feudal or the absolute
monarchy**

буржоазията служи или на полуфеодалната, или на
абсолютната монархия

**or the Bourgeoisie acted as a counterpoise against the
nobility**

или буржоазията действаше като противовес на
благородничеството

**and, in fact, the Bourgeoisie was a corner-stone of the great
monarchies in general**

и всъщност буржоазията беше крайъгълен камък на
великите монархии като цяло
**but Modern Industry and the world-market established
itself since then**
но Модерната индустрия и световният пазар се утвърдиха
оттогава
**and the Bourgeoisie has conquered for itself exclusive
political sway**
и буржоазията завладя за себе си изключителна
политическа власт
**it achieved this political sway through the modern
representative State**
той постигна това политическо влияние чрез
съвременната представителна държава
**The executives of the modern State are but a management
committee**
Изпълнителните органи на съвременната държава са само
управителен комитет
**and they manage the common affairs of the whole of the
Bourgeoisie**
и те управляват общите дела на цялата буржоазия
**The Bourgeoisie, historically, has played a most
revolutionary part**
Буржоазията исторически играе най-революционна роля
**wherever it got the upper hand, it put an end to all feudal,
patriarchal, and idyllic relations**
Където и да надделее, той слага край на всички феодални,
патриархални и идилични отношения
**It has pitilessly torn asunder the motley feudal ties that
bound man to his "natural superiors"**
Тя безмилостно разкъса пъстрите феодални връзки, които
свързваха човека с неговите "естествени началници"
**and it has left remaining no nexus between man and man,
other than naked self-interest**
и не е оставила никаква връзка между човека и човека,
освен голия личен интерес

man's relations with one another have become nothing more than callous "cash payment"

Отношенията на човека един с друг не са се превърнали в нищо повече от коравосърдечно "плащане в брой"

It has drowned the most heavenly ecstasies of religious fervour

Тя е удавила най-небесния екстаз на религиозния плам

it has drowned chivalrous enthusiasm and philistine sentimentalism

тя е удавила рицарския ентусиазъм и филистерския сантиментализъм

it has drowned these things in the icy water of egotistical calculation

тя е удавила тези неща в ледената вода на егоистичните изчисления

It has resolved personal worth into exchangeable value

Той превърна личната стойност в разменна стойност

it has replaced the numberless and indefeasible chartered freedoms

Тя замени безбройните и неоспорими свободи

and it has set up a single, unconscionable freedom; Free Trade

и тя е създала една-единствена, безсъвестна свобода; Свободна търговия

In one word, it has done this for exploitation

С една дума, тя направи това за експлоатация

exploitation veiled by religious and political illusions

експлоатация, забулена от религиозни и политически илюзии

exploitation veiled by naked, shameless, direct, brutal exploitation

експлоатация, забулена от гола, безсрамна, директна, брутална експлоатация

the Bourgeoisie has stripped the halo off every previously honoured and revered occupation

буржоазията е премахнала ореола от всяка почитана и почитана преди това професия

the physician, the lawyer, the priest, the poet, and the man of science

лекарят, адвокатът, свещеникът, поетът и човекът на науката

it has converted these distinguished workers into its paid wage labourers

тя е превърнала тези изтъкнати работници в свои платени наемни работници

The Bourgeoisie has torn the sentimental veil away from the family

Буржоазията е скъсала сантименталния воал от семейството

and it has reduced the family relation to a mere money relation

и е свела семейната връзка до обикновена парична връзка

the brutal display of vigour in the Middle Ages which Reactionists so much admire

бруталната проява на енергия през Средновековието, на която реакционеристите толкова много се възхищават

even this found its fitting complement in the most slothful indolence

Дори това намери подходящо допълнение в най-ленивата леност

The Bourgeoisie has disclosed how all this came to pass

Буржоазията разкри как се е случило всичко това

The Bourgeoisie have been the first to show what man's activity can bring about

Буржоазията беше първата, която показа до какво може да доведе човешката дейност

It has accomplished wonders far surpassing Egyptian pyramids, Roman aqueducts, and Gothic cathedrals

Той е извършил чудеса, далеч надминаващи египетските пирамиди, римските акведукти и готическите катедрали

and it has conducted expeditions that put in the shade all former Exoduses of nations and crusades

и е провеждал експедиции, които са поставили в сянка всички предишни изходи на нации и кръстоносни походи

The Bourgeoisie cannot exist without constantly revolutionising the instruments of production

Буржоазията не може да съществува без постоянна революция в инструментите на производството

and thereby it cannot exist without its relations to production

и по този начин тя не може да съществува без своите отношения към производството

and therefore it cannot exist without its relations to society

и затова не може да съществува без отношенията си с обществото

all earlier industrial classes had one condition in common

Всички по-ранни индустриални класи имаха едно общо условие

they relied on the conservation of the old modes of production

те разчитат на запазването на старите начини на производство

but the Bourgeoisie brought with it a completely new dynamic

но буржоазията донесе със себе си напълно нова динамика

Constant revolutionizing of production and uninterrupted disturbance of all social conditions

Постоянна революция в производството и непрекъснато нарушаване на всички обществени условия

this everlasting uncertainty and agitation distinguishes the Bourgeoisie epoch from all earlier ones

тази вечна несигурност и вълнение отличава епохата на буржоазията от всички по-ранни

previous relations with production came with ancient and venerable prejudices and opinions

Предишните отношения с производството идват с древни и почитани предразсъдъци и мнения

but all of these fixed, fast-frozen relations are swept away

Но всички тези фиксирани, бързо замръзнали отношения са пометени

all new-formed relations become antiquated before they can ossify

Всички новоформирани отношения остаряват, преди да успеят да се вкостенят

All that is solid melts into air, and all that is holy is profaned

Всичко, което е твърдо, се топи във въздуха и всичко, което е свято, се осквернява

man is at last compelled to face with sober senses, his real conditions of life

Човекът най-накрая е принуден да се изправи пред трезви сетива пред истинските си условия на живот

and he is compelled to face his relations with his kind

и той е принуден да се изправи пред отношенията си със своя вид

The Bourgeoisie constantly needs to expand its markets for its products

Буржоазията постоянно се нуждае от разширяване на пазарите си за своите продукти

and, because of this, the Bourgeoisie is chased over the whole surface of the globe

и поради това буржоазията е преследвана по цялата повърхност на земното кълбо

The Bourgeoisie must nestle everywhere, settle everywhere, establish connections everywhere

Буржоазията трябва да се сгуши навсякъде, да се засели навсякъде, да установи връзки навсякъде

The Bourgeoisie must create markets in every corner of the world to exploit

Буржоазията трябва да създаде пазари във всяко кътче на света, за да ги експлоатира

the production and consumption in every country has been given a cosmopolitan character

Производството и потреблението във всяка страна имат космополитен характер

the chagrin of Reactionists is palpable, but it has carried on regardless

огорчението на реакционеристите е осезаемо, но то продължава независимо от това

The Bourgeoisie have drawn from under the feet of industry the national ground on which it stood

Буржоазията извади изпод краката на индустрията националната почва, на която стоеше

all old-established national industries have been destroyed, or are daily being destroyed

всички стари национални индустрии са унищожени или ежедневно се унищожават

all old-established national industries are dislodged by new industries

всички стари национални индустрии са изместени от нови индустрии

their introduction becomes a life and death question for all civilised nations

въвеждането им се превръща във въпрос на живот и смърт за всички цивилизовани нации

they are dislodged by industries that no longer work up indigenous raw material

те са изместени от индустрии, които вече не обработват местни суровини

instead, these industries pull raw materials from the remotest zones

Вместо това тези индустрии черпят суровини от най-отдалечените зони

industries whose products are consumed, not only at home, but in every quarter of the globe

индустрии, чиито продукти се консумират не само у дома, но и във всеки квартал на земното кълбо

In place of the old wants, satisfied by the productions of the country, we find new wants

На мястото на старите желания, задоволени от производствата на страната, намираме нови желания

these new wants require for their satisfaction the products of distant lands and climes

Тези нови нужди изискват за задоволяване продуктите на далечни страни и климат

In place of the old local and national seclusion and self-sufficiency, we have trade

На мястото на старото местно и национално уединение и самодостатъчност, ние имаме търговия

international exchange in every direction; universal inter-dependence of nations

международен обмен във всяка посока; Всеобща взаимозависимост на нациите

and just as we have dependency on materials, so we are dependent on intellectual production

И точно както имаме зависимост от материалите, така сме зависими и от интелектуалното производство

The intellectual creations of individual nations become common property

Интелектуалните творения на отделните нации стават обща собственост

National one-sidedness and narrow-mindedness become more and more impossible

Националната едностранчивост и тесногръдост стават все по-невъзможни

and from the numerous national and local literatures, there arises a world literature

и от многобройните национални и местни литератури възниква световна литература

by the rapid improvement of all instruments of production

чрез бързото усъвършенстване на всички инструменти за производство

by the immensely facilitated means of communication

чрез изключително улеснените средства за комуникация

The Bourgeoisie draws all (even the most barbarian nations) into civilisation

Буржоазията въвлича всички (дори и най-варварските народи) в цивилизацията

The cheap prices of its commodities; the heavy artillery that batters down all Chinese walls

Ниските цени на неговите стоки; тежката артилерия, която разбива всички китайски стени

the barbarians' intensely obstinate hatred of foreigners is forced to capitulate

Упоритата на варварите към чужденците е принудена да капитулира

It compels all nations, on pain of extinction, to adopt the Bourgeoisie mode of production

Тя принуждава всички народи, под страх от изчезване, да приемат буржоазния начин на производство

it compels them to introduce what it calls civilisation into their midst

то ги принуждава да въведат това, което нарича цивилизация в средата си

The Bourgeoisie force the barbarians to become Bourgeoisie themselves

Буржоазията принуждава варварите сами да станат буржоазия

in a word, the Bourgeoisie creates a world after its own image

с една дума, буржоазията създава свят по свой собствен образ

The Bourgeoisie has subjected the countryside to the rule of the towns

Буржоазията е подчинила провинцията на властта на градовете

It has created enormous cities and greatly increased the urban population

Тя създаде огромни градове и значително увеличи градското население

it rescued a considerable part of the population from the idiocy of rural life

той спаси значителна част от населението от идиотизма на селския живот

but it has made those in the the countryside dependent on the towns

но това е направило хората в провинцията зависими от градовете

and likewise, it has made the barbarian countries dependent on the civilised ones

и по същия начин тя направи варварските страни зависими от цивилизованите

nations of peasants on nations of Bourgeoisie, the East on the West

нациите на селяните върху нациите на буржоазията, изтокът на запад

The Bourgeoisie does away with the scattered state of the population more and more

Буржоазията все повече премахва разпръснатото състояние на населението

It has agglomerated production, and has concentrated property in a few hands

Тя има агломерирано производство и има концентрирана собственост в няколко ръце

The necessary consequence of this was political centralisation

Необходимата последица от това беше политическата централизация

there had been independent nations and loosely connected provinces

Имаше независими нации и слабо свързани провинции

they had separate interests, laws, governments and systems of taxation

те имат отделни интереси, закони, правителства и системи за данъчно облагане

but they have become lumped together into one nation, with one government

но те са се обединили в една нация, с едно правителство

they now have one national class-interest, one frontier and one customs-tariff

сега те имат един национален класов интерес, една граница и една митническа тарифа

and this national class-interest is unified under one code of law

и този национален класов интерес е обединен в един кодекс на закона

the Bourgeoisie has achieved much during its rule of scarce one hundred years

буржоазията е постигнала много по време на своето управление от едва сто години

more massive and colossal productive forces than have all preceding generations together

по-масивни и колосални производителни сили, отколкото всички предишни поколения заедно

Nature's forces are subjugated to the will of man and his machinery

Силите на природата са подчинени на волята на човека и неговата машина

chemistry is applied to all forms of industry and types of agriculture

Химията се прилага във всички форми на промишленост и видове земеделие

steam-navigation, railways, electric telegraphs, and the printing press

Парна навигация, железопътни линии, електрически телеграфи и печатна преса

clearing of whole continents for cultivation, canalisation of rivers

разчистване на цели континенти за обработване,
канализация на реки

**whole populations have been conjured out of the ground
and put to work**

цели популации са били извадени от земята и поставени
на работа

**what earlier century had even a presentiment of what could
be unleashed?**

Кой по-ранен век дори е имал предчувствие за това, което
може да бъде отприщено?

**who predicted that such productive forces slumbered in the
lap of social labour?**

Кой предрече, че такива производителни сили дремят в
скута на обществения труд?

**we see then that the means of production and of exchange
were generated in feudal society**

Виждаме тогава, че средствата за производство и размяна
са били създадени във феодалното общество

**the means of production on whose foundation the
Bourgeoisie built itself up**

средствата за производство, на чиято основа се изгражда
буржоазията

**At a certain stage in the development of these means of
production and of exchange**

На определен етап от развитието на тези средства за
производство и размяна

**the conditions under which feudal society produced and
exchanged**

условията, при които феодалното общество произвежда и
обменя

**the feudal organisation of agriculture and manufacturing
industry**

Феодалната организация на селското стопанство и
преработващата промишленост

**the feudal relations of property were no longer compatible
with the material conditions**

феодалните отношения на собственост вече не бяха съвместими с материалните условия

They had to be burst asunder, so they were burst asunder

Те трябваше да бъдат разкъсани, така че бяха разкъсани

Into their place stepped free competition from the productive forces

На тяхно място се намесва свободната конкуренция от страна на производителните сили

and they were accompanied by a social and political constitution adapted to it

и те бяха придружени от социална и политическа конституция, адаптирана към нея

and it was accompanied by the economical and political sway of the Bourgeoisie class

и то беше съпроводено от икономическото и политическо влияние на класата на буржоазията

A similar movement is going on before our own eyes

Подобно движение се случва пред очите ни

Modern Bourgeoisie society with its relations of production, and of exchange, and of property

Съвременното буржоазно общество с неговите производствени отношения, размяна и собственост

a society that has conjured up such gigantic means of production and of exchange

общество, което е създало такива гигантски средства за производство и размяна

it is like the sorcerer who called up the powers of the nether world

Това е като магьосника, който призова силите на Долния свят

but he is no longer able to control what he has brought into the world

но той вече не е в състояние да контролира това, което е донесъл на света

For many a decade past history was tied together by a common thread

В продължение на много десетилетия историята е била
свързана с обща нишка

**the history of industry and commerce has been but the
history of revolts**

Историята на индустрията и търговията е била само
история на бунтове

**the revolts of modern productive forces against modern
conditions of production**

бунтовете на съвременните производителни сили срещу
съвременните условия на производство

**the revolts of modern productive forces against property
relations**

бунтовете на съвременните производителни сили срещу
отношенията на собственост

**these property relations are the conditions for the existence
of the Bourgeoisie**

тези отношения на собственост са условия за
съществуването на буржоазията

**and the existence of the Bourgeoisie determines the rules for
property relations**

а съществуването на буржоазията определя правилата на
отношенията на собственост

**it is enough to mention the periodical return of commercial
crises**

достатъчно е да споменем периодичното завръщане на
търговските кризи

**each commercial crisis is more threatening to Bourgeoisie
society than the last**

всяка търговска криза е по-заплашителна за буржоазното
общество от предишната

**In these crises a great part of the existing products are
destroyed**

При тези кризи голяма част от съществуващите продукти
се унищожават

**but these crises also destroy the previously created
productive forces**

но тези кризи унищожават и създадените преди това производителни сили

in all earlier epochs these epidemics would have seemed an absurdity

във всички по-ранни епохи тези епидемии биха изглеждали абсурдни

because these epidemics are the commercial crises of over-production

защото тези епидемии са търговски кризи на свръхпроизводството

Society suddenly finds itself put back into a state of momentary barbarism

Обществото изведнъж се оказва отново в състояние на моментно варварство

as if a universal war of devastation had cut off every means of subsistence

сякаш една всеобща война на опустошение е отрязала всички средства за препитание

industry and commerce seem to have been destroyed; and why?

индустрията и търговията изглежда са унищожени; И защо?

Because there is too much civilisation and means of subsistence

Защото има твърде много цивилизация и средства за препитание

and because there is too much industry, and too much commerce

и защото има твърде много индустрия и твърде много търговия

The productive forces at the disposal of society no longer develop Bourgeoisie property

Производителните сили, с които разполага обществото, вече не развиват буржоазната собственост

on the contrary, they have become too powerful for these conditions, by which they are fettered

напротив, те са станали твърде силни за тези условия, от
които са оковани

**as soon as they overcome these fetters, they bring disorder
into the whole of Bourgeoisie society**

щом преодолеят тези окови, те внасят безпорядък в
цялото буржоазно общество

**and the productive forces endanger the existence of
Bourgeoisie property**

и производителните сили застрашават съществуването на
буржоазната собственост

**The conditions of Bourgeoisie society are too narrow to
comprise the wealth created by them**

Условията на буржоазното общество са твърде тесни, за да
обхванат богатството, създадено от тях

And how does the Bourgeoisie get over these crises?

И как буржоазията преодолява тези кризи?

**On the one hand, it overcomes these crises by the enforced
destruction of a mass of productive forces**

От една страна, тя преодолява тези кризи чрез
насилствено унищожаване на маса от производителни
сили

**on the other hand, it overcomes these crises by the conquest
of new markets**

От друга страна, тя преодолява тези кризи чрез
завладяването на нови пазари

**and it overcomes these crises by the more thorough
exploitation of the old forces of production**

и преодолява тези кризи чрез по-задълбочена
експлоатация на старите производствени сили

**That is to say, by paving the way for more extensive and
more destructive crises**

С други думи, като проправят пътя за по-обширни и по-
разрушителни кризи

**it overcomes the crisis by diminishing the means whereby
crises are prevented**

той преодолява кризата, като намалява средствата за предотвратяване на кризи

The weapons with which the Bourgeoisie felled feudalism to the ground are now turned against itself

Оръжията, с които буржоазията събори феодализма до основи, сега са обърнати срещу самата себе си

But not only has the Bourgeoisie forged the weapons that bring death to itself

Но буржоазията не само е изковала оръжията, които носят смърт на самата себе си

it has also called into existence the men who are to wield those weapons

тя също така е създала хората, които трябва да владеят тези оръжия

and these men are the modern working class; they are the proletarians

и тези хора са съвременната работническа класа; те са пролетариите

In proportion as the Bourgeoisie is developed, in the same proportion is the Proletariat developed

В степента, в която се развива буржоазията, в същата пропорция се развива и пролетариатът

the modern working class developed a class of labourers

Съвременната работническа класа развива класа от работници

this class of labourers live only so long as they find work

Тази класа работници живее само докато си намери работа

and they find work only so long as their labour increases capital

и те намират работа само докато техният труд увеличава капитала

These labourers, who must sell themselves piece-meal, are a commodity

Тези работници, които трябва да се продават на парче, са стока

these labourers are like every other article of commerce

Тези работници са като всеки друг предмет на търговията

and they are consequently exposed to all the vicissitudes of competition

и следователно те са изложени на всички превратности на конкуренцията

they have to weather all the fluctuations of the market

те трябва да издържат на всички колебания на пазара

Owing to the extensive use of machinery and to division of labour

Поради широкото използване на машините и разделението на труда

the work of the proletarians has lost all individual character

Работата на пролетариите е загубила всякакъв индивидуален характер

and consequently, the work of the proletarians has lost all charm for the workman

и следователно работата на пролетариите е загубила всякакво очарование за работника

He becomes an appendage of the machine, rather than the man he once was

Той се превръща в придатък на машината, а не в човека, който някога е бил

only the most simple, monotonous, and most easily acquired knack is required of him

От него се изисква само най-простото, монотонно и най-лесно придобиваното умение

Hence, the cost of production of a workman is restricted

Следователно производствените разходи на работника са ограничени

it is restricted almost entirely to the means of subsistence that he requires for his maintenance

тя е ограничена почти изцяло до средствата за препитание, които той се нуждае за издръжката си

and it is restricted to the means of subsistence that he requires for the propagation of his race

и то е ограничено до средствата за препитание, от които се
нуждае за размножаване на своята раса
**But the price of a commodity, and therefore also of labour, is
equal to its cost of production**
Но цената на стоката, а следователно и на труда, е равна на
нейните производствени разходи
**In proportion, therefore, as the repulsiveness of the work
increases, the wage decreases**
Следователно, пропорционално, с нарастването на
отблъскването на работата, заплатата намалява
**Nay, the repulsiveness of his work increases at an even
greater rate**
Нещо повече, отблъскването на работата му нараства с
още по-голяма скорост
**as the use of machinery and division of labour increases, so
does the burden of toil**
С увеличаването на използването на машини и
разделението на труда се увеличава и тежестта на труда
**the burden of toil is increased by prolongation of the
working hours**
тежестта на труда се увеличава чрез удължаване на
работното време
more is expected of the labourer in the same time as before
от работника се очаква повече в същото време, както и
преди
**and of course the burden of the toil is increased by the speed
of the machinery**
и, разбира се, тежестта на труда се увеличава от скоростта
на машините
**Modern industry has converted the little workshop of the
patriarchal master into the great factory of the industrial
capitalist**
Съвременната индустрия превърна малката работилница
на патриархалния господар във великата фабрика на
индустриалния капиталист

Masses of labourers, crowded into the factory, are organised like soldiers

Маси от работници, натъпкани във фабриката, са организирани като войници

As privates of the industrial army they are placed under the command of a perfect hierarchy of officers and sergeants

Като редници на индустриалната армия те са поставени под командването на съвършена йерархия от офицери и сержанти

they are not only the slaves of the Bourgeoisie class and State

те са не само роби на класата и държавата на буржоазията

but they are also daily and hourly enslaved by the machine

но те също така ежедневно и ежечасно са поробвани от машината

they are enslaved by the over-looker, and, above all, by the individual Bourgeoisie manufacturer himself

те са поробени от надзирателя и преди всичко от самия отделен буржоазен фабрикант

The more openly this despotism proclaims gain to be its end and aim, the more petty, the more hateful and the more embittering it is

Колкото по-открито този деспотизъм провъзгласява печалбата за своя цел и цел, толкова по-дребнава, толкова по-омразна и по-огорчена е тя

the more modern industry becomes developed, the lesser are the differences between the sexes

Колкото повече се развива модерната индустрия, толкова по-малки са разликите между половете

The less the skill and exertion of strength implied in manual labour, the more is the labour of men superseded by that of women

Колкото по-малко умението и усилието на силата се предполагат в ръчния труд, толкова повече трудът на мъжете се измества от този на жените

Differences of age and sex no longer have any distinctive social validity for the working class

Разликите във възрастта и пола вече нямат никаква отличителна социална значимост за работническата класа

All are instruments of labour, more or less expensive to use, according to their age and sex

Всички те са инструменти на труда, повече или по-малко скъпи за използване, в зависимост от възрастта и пола им

as soon as the labourer receives his wages in cash, than he is set upon by the other portions of the Bourgeoisie

щом работникът получи заплатата си в брой, той бива определен от другите части на буржоазията

the landlord, the shopkeeper, the pawnbroker, etc

наемодателят, собственикът на магазина, заложната къща и т.н

The lower strata of the middle class; the small trades people and shopkeepers

По-ниските слоеве на средната класа; дребните търговци и търговците

the retired tradesmen generally, and the handicraftsmen and peasants

пенсионираните търговци като цяло, занаятчиите и селяните

all these sink gradually into the Proletariat

всички те постепенно потъват в пролетариата

partly because their diminutive capital does not suffice for the scale on which Modern Industry is carried on

отчасти защото техният малък капитал не е достатъчен за мащаба, в който се осъществява модерната индустрия

and because it is swamped in the competition with the large capitalists

и защото е потопен в конкуренцията с едрите капиталисти

partly because their specialized skill is rendered worthless by the new methods of production

отчасти защото техните специализирани умения обезценяват новите методи на производство

Thus the Proletariat is recruited from all classes of the population

Така пролетариатът се набира от всички класи на населението

The Proletariat goes through various stages of development

Пролетариатът преминава през различни етапи на развитие

With its birth begins its struggle with the Bourgeoisie

С раждането му започва борбата му с буржоазията

At first the contest is carried on by individual labourers

Отначало състезанието се води от отделни работници

then the contest is carried on by the workpeople of a factory

тогава състезанието се провежда от работниците на фабриката

then the contest is carried on by the operatives of one trade, in one locality

след това състезанието се води от работниците на един занаят, в едно населено място

and the contest is then against the individual Bourgeoisie who directly exploits them

и тогава състезанието е срещу отделната буржоазия, която директно ги експлоатира

They direct their attacks not against the Bourgeoisie conditions of production

Те насочват своите атаки не срещу буржоазните условия на производство

but they direct their attack against the instruments of production themselves

но те насочват атаката си срещу самите инструменти за производство

they destroy imported wares that compete with their labour

те унищожават вносни стоки, които се конкурират с техния труд

they smash to pieces machinery and they set factories ablaze

Те разбиват на парчета машини и подпалват фабрики

they seek to restore by force the vanished status of the workman of the Middle Ages

те се стремят да възстановят със сила изчезналия статут на работника от Средновековието

At this stage the labourers still form an incoherent mass scattered over the whole country

На този етап работниците все още образуват несвързана маса, разпръсната из цялата страна

and they are broken up by their mutual competition

и те са разбити от взаимното си съревнование

If anywhere they unite to form more compact bodies, this is not yet the consequence of their own active union

Ако някъде те се обединят, за да образуват по-компактни тела, това все още не е следствие от техния собствен активен съюз

but it is a consequence of the union of the Bourgeoisie, to attain its own political ends

но това е следствие от обединението на буржоазията, за да постигне собствените си политически цели

the Bourgeoisie is compelled to set the whole Proletariat in motion

буржоазията е принудена да задвижи целия пролетариат

and moreover, for a time being, the Bourgeoisie is able to do so

и освен това за известно време буржоазията е в състояние да направи това

At this stage, therefore, the proletarians do not fight their enemies

Следователно на този етап пролетариите не се борят с враговете си

but instead they are fighting the enemies of their enemies

но вместо това те се борят с враговете на враговете си.

the fight the remnants of absolute monarchy and the landowners

борбата с остатъците от абсолютната монархия и помешчиците

they fight the non-industrial Bourgeoisie; the petty
Bourgeoisie

те се борят с неиндустриалната буржоазия; дребната
буржоазия

Thus the whole historical movement is concentrated in the
hands of the Bourgeoisie

Така цялото историческо движение е съсредоточено в
ръцете на буржоазията

every victory so obtained is a victory for the Bourgeoisie

всяка така постигната победа е победа за буржоазията

But with the development of industry the Proletariat not
only increases in number

Но с развитието на индустрията пролетариатът не само се
увеличава по брой

the Proletariat becomes concentrated in greater masses and
its strength grows

пролетариатът се концентрира в по-големи маси и силата
му нараства

and the Proletariat feels that strength more and more

и пролетариатът усеща тази сила все повече и повече

The various interests and conditions of life within the ranks
of the Proletariat are more and more equalised

Различните интереси и условия на живот в редиците на
пролетариата все повече се изравняват

they become more in proportion as machinery obliterates all
distinctions of labour

те стават все по-пропорционални, тъй като машините
заличават всички различия на труда

and machinery nearly everywhere reduces wages to the same
low level

а машините почти навсякъде намаляват заплатите до
също то ниско ниво

The growing competition among the Bourgeoisie, and the
resulting commercial crises, make the wages of the workers
ever more fluctuating

Нарастващата конкуренция между буржоазията и произтичащите от нея търговски кризи правят заплатите на работниците все по-колебаещи се

The unceasing improvement of machinery, ever more rapidly developing, makes their livelihood more and more precarious

Непрекъснатото усъвършенстване на машините, все по-бързо развиващо се, прави поминъка им все по-несигурен

the collisions between individual workmen and individual Bourgeoisie take more and more the character of collisions between two classes

сблъсъците между отделните работници и отделната буржоазия все повече придобиват характер на сблъсъци между две класи

Thereupon the workers begin to form combinations (Trades Unions) against the Bourgeoisie

След това работниците започват да образуват комбинации (профсъюзи) срещу буржоазията

they club together in order to keep up the rate of wages

те се обединяват, за да поддържат процента на заплатите

they found permanent associations in order to make provision beforehand for these occasional revolts

те намериха постоянни сдружения, за да се погрижат предварително за тези случайни бунтове

Here and there the contest breaks out into riots

Тук-там състезанието избухва в бунтове

Now and then the workers are victorious, but only for a time

От време на време работниците побеждават, но само за известно време

The real fruit of their battles lies, not in the immediate result, but in the ever-expanding union of the workers

Истинският плод на техните битки се крие не в непосредствения резултат, а във все по-разширяващия се съюз на работниците

This union is helped on by the improved means of communication that are created by modern industry

Този съюз е подпомогнат от подобрените средства за
комуникация, създадени от съвременната индустрия

**modern communication places the workers of different
localities in contact with one another**

съвременната комуникация поставя работниците от
различни населени места в контакт помежду си

**It was just this contact that was needed to centralise the
numerous local struggles into one national struggle between
classes**

Именно този контакт беше необходим, за да се
централизират многобройните местни борби в една
национална борба между класите

**all of these struggles are of the same character, and every
class struggle is a political struggle**

Всички тези борби са от един и същ характер и всяка
класова борба е политическа борба

**the burghers of the Middle Ages, with their miserable
highways, required centuries to form their unions**

бюргерите от Средновековието, с техните мизерни
магистрали, са имали нужда от векове, за да създадат
своите съюзи

**the modern proletarians, thanks to railways, achieve their
unions within a few years**

Съвременните пролетарии, благодарение на железниците,
постигат своите съюзи в рамките на няколко години

**This organisation of the proletarians into a class
consequently formed them into a political party**

Впоследствие тази организация на пролетариите в класа
ги превърна в политическа партия

**the political class is continually being upset again by the
competition between the workers themselves**

политическата класа непрекъснато отново се разстройва
от конкуренцията между самите работници

**But the political class continues to rise up again, stronger,
firmer, mightier**

Но политическата класа продължава да се издига отново, по-силна, по-силна, по-силна

It compels legislative recognition of particular interests of the workers

Той задължаеа законодателното признаване на особените интереси на работниците

it does this by taking advantage of the divisions among the Bourgeoisie itself

той прави това, като се възползва от разделенията сред самата буржоазия

Thus the ten-hours' bill in England was put into law

Така десетчасовият законопроект в Англия беше приет в сила

in many ways the collisions between the classes of the old society further is the course of development of the Proletariat

в много отношения сблъсъците между класите на старото общество са по-нататъшно развитие на пролетариата

The Bourgeoisie finds itself involved in a constant battle

Буржоазията се оказва въвлечена в постоянна битка

At first it will find itself involved in a constant battle with the aristocracy

Отначало тя ще се окаже въвлечена в постоянна битка с аристокрацията

later on it will find itself involved in a constant battle with those portions of the Bourgeoisie itself

по-късно тя ще се окаже въвлечена в постоянна битка с тези части от самата буржоазия

and their interests will have become antagonistic to the progress of industry

и техните интереси ще станат антагонистични на прогреса на индустрията

at all times, their interests will have become antagonistic with the Bourgeoisie of foreign countries

във всяко време техните интереси ще станат антагонистични с буржоазията на чуждите страни

In all these battles it sees itself compelled to appeal to the Proletariat, and asks for its help

Във всички тези битки той се вижда принуден да се обърне към пролетариата и моли за помощта му

and thus, it will feel compelled to drag it into the political arena

и по този начин ще се почувства принуден да го извлече на политическата арена

The Bourgeoisie itself, therefore, supplies the Proletariat with its own instruments of political and general education

Следователно самата буржоазия снабдява пролетариата със свои собствени инструменти за политическо и общо възпитание

in other words, it furnishes the Proletariat with weapons for fighting the Bourgeoisie

с други думи, тя снабдява пролетариата с оръжие за борба с буржоазията

Further, as we have already seen, entire sections of the ruling classes are precipitated into the Proletariat

По-нататък, както вече видяхме, цели слоеве на господстващите класи се изхвърлят в пролетариата

the advance of industry sucks them into the Proletariat

напредъкът на индустрията ги засмуква в пролетариата

or, at least, they are threatened in their conditions of existence

или поне са застрашени в условията на съществуване

These also supply the Proletariat with fresh elements of enlightenment and progress

Те също така снабдяват пролетариата със свежи елементи на просвещение и прогрес

Finally, in times when the class struggle nears the decisive hour

И накрая, във времена, когато класовата борба наближава решителния час

the process of dissolution going on within the ruling class

процесът на разпадане, протичащ в управляващата класа

in fact, the dissolution going on within the ruling class will be felt within the whole range of society

всъщност разпадането, което се случва в управляващата класа, ще се усети в цялото общество

it will take on such a violent, glaring character, that a small section of the ruling class cuts itself adrift

Тя ще придобие такъв насилствен, крещящ характер, че малка част от управляващата класа ще се откъсне

and that ruling class will join the revolutionary class

и тази управляваща класа ще се присъедини към революционната класа

the revolutionary class being the class that holds the future in its hands

революционната класа е класата, която държи бъдещето в ръцете си

Just as at an earlier period, a section of the nobility went over to the Bourgeoisie

Точно както в по-ранен период, част от благородничеството преминава към буржоазията

the same way a portion of the Bourgeoisie will go over to the Proletariat

по същия начин част от буржоазията ще премине към пролетариата

in particular, a portion of the Bourgeoisie will go over to a portion of the Bourgeoisie ideologists

по-специално, част от буржоазията ще премине към част от буржоазните идеолози

Bourgeoisie ideologists who have raised themselves to the level of comprehending theoretically the historical movement as a whole

Буржоазни идеолози, които се издигнаха до нивото на теоретично разбиране на историческото движение като цяло

Of all the classes that stand face to face with the Bourgeoisie today, the Proletariat alone is a really revolutionary class

От всички класи, които днес стоят лице в лице с
буржоазията, само пролетариатът е наистина
революционна класа

**The other classes decay and finally disappear in the face of
Modern Industry**

Другите класи се разпадат и накрая изчезват пред лицето
на модерната индустрия

the Proletariat is its special and essential product

Пролетариатът е негов специален и основен продукт

**The lower middle class, the small manufacturer, the
shopkeeper, the artisan, the peasant**

Долната средна класа, дребният производител,
магазинерът, занаятчият, селянинът

all these fight against the Bourgeoisie

всички тези борби срещу буржоазията

**they fight as fractions of the middle class to save themselves
from extinction**

те се борят като фракции от средната класа, за да се спасят
от изчезване

They are therefore not revolutionary, but conservative

Следователно те не са революционни, а консервативни

**Nay more, they are reactionary, for they try to roll back the
wheel of history**

Нещо повече, те са реакционни, защото се опитват да
върнат колелото на историята назад

**If by chance they are revolutionary, they are so only in view
of their impending transfer into the Proletariat**

Ако случайно те са революционни, те са такива само с
оглед на предстоящото им прехвърляне в пролетариата

they thus defend not their present, but their future interests

По този начин те защитават не настоящите си, а бъдещите
си интереси

**they desert their own standpoint to place themselves at that
of the Proletariat**

те изоставят собствената си гледна точка, за да се поставят
на тази на пролетариата

The "dangerous class," the social scum, that passively rotting
mass thrown off by the lowest layers of old society

"Опасната класа", социалната, тази пасивно гниеща маса,
изхвърлена от най-ниските слоеве на старото общество

they may, here and there, be swept into the movement by a
proletarian revolution

те могат тук-там да бъдат пометени в движението от
пролетарска революция

its conditions of life, however, prepare it far more for the
part of a bribed tool of reactionary intrigue

условията на живот обаче го подготвят много повече за
ролята на подкупено оръдие на реакционни интриги

In the conditions of the Proletariat, those of old society at
large are already virtually swamped

В условията на пролетариата тези на старото общество
като цяло вече са фактически затрупани

The proletarian is without property

Пролетарият е без собственост

his relation to his wife and children has no longer anything
in common with the Bourgeoisie's family-relations

отношението му към жена и децата вече няма нищо общо
със семейните отношения на буржоазията

modern industrial labour, modern subjection to capital, the
same in England as in France, in America as in Germany

модерен индустриален труд, модерно подчинение на
капитала, същото в Англия, както във Франция, в
Америка, така и в Германия

his condition in society has stripped him of every trace of
national character

положението му в обществото го е лишило от всяка следа
от национален характер

Law, morality, religion, are to him so many Bourgeoisie
prejudices

Законът, моралът, религията са за него толкова много
буржоазни предразсъдъци

and behind these prejudices lurk in ambush just as many Bourgeoisie interests

и зад тези предразсъдъци се крият в засада също толкова буржоазни интереси

All the preceding classes that got the upper hand, sought to fortify their already acquired status

Всички предишни класи, които получиха надмощие, се стремяха да укрепят вече придобития си статут

they did this by subjecting society at large to their conditions of appropriation

те направиха това, като подчиниха обществото като цяло на своите условия на присвояване

The proletarians cannot become masters of the productive forces of society

Пролетариите не могат да станат господари на производителните сили на обществото

it can only do this by abolishing their own previous mode of appropriation

то може да направи това само чрез премахване на собствения си предишен начин на присвояване

and thereby it also abolishes every other previous mode of appropriation

и по този начин премахва и всеки друг предишен начин на присвояване

They have nothing of their own to secure and to fortify

Те нямат нищо свое, което да обезопасят и укрепят.

their mission is to destroy all previous securities for, and insurances of, individual property

тяхната мисия е да унищожат всички предишни ценни книжа и застраховки на индивидуална собственост

All previous historical movements were movements of minorities

Всички предишни исторически движения са били движения на малцинства

or they were movements in the interests of minorities

или са движения в интерес на малцинствата

The proletarian movement is the self-conscious, independent movement of the immense majority

Пролетарското движение е самосъзнателно, независимо движение на огромното мнозинство

and it is a movement in the interests of the immense majority

и това е движение в интерес на огромното мнозинство

The Proletariat, the lowest stratum of our present society

Пролетариатът, най-ниският слой на нашето сегашно общество

it cannot stir or raise itself up without the whole superincumbent strata of official society being sprung into the air

Тя не може да се раздвижи или да се издигне, без да се издигнат във въздуха всички управляващи слоеве на официалното общество

Though not in substance, yet in form, the struggle of the Proletariat with the Bourgeoisie is at first a national struggle

Макар и не по същество, но по форма, борбата на пролетариата с буржоазията е отначало национална борба

The Proletariat of each country must, of course, first of all settle matters with its own Bourgeoisie

Пролетариатът на всяка страна трябва, разбира се, преди всичко да уреди въпросите със своята буржоазия

In depicting the most general phases of the development of the Proletariat, we traced the more or less veiled civil war

Изобразявайки най-общите фази на развитието на пролетариата, ние проследихме повече или по-малко завоалираната гражданска война

this civil is raging within existing society

Това гражданско бушува в съществуващото общество

it will rage up to the point where that war breaks out into open revolution

тя ще бушува до точката, в която тази война избухне в открита революция

and then the violent overthrow of the Bourgeoisie lays the foundation for the sway of the Proletariat

и тогава насилственото сваляне на буржоазията полага основите на властта на пролетариата

Hitherto, every form of society has been based, as we have already seen, on the antagonism of oppressing and oppressed classes

Досега всяка форма на общество се основаваше, както вече видяхме, на антагонизма на потиснатите и потиснатите класи

But in order to oppress a class, certain conditions must be assured to it

Но за да се потиска една класа, трябва да й се осигурят определени условия

the class must be kept under conditions in which it can, at least, continue its slavish existence

класата трябва да се поддържа при условия, в които тя може поне да продължи своето робско съществуване

The serf, in the period of serfdom, raised himself to membership in the commune

Крепостният селянин в периода на крепостничеството се издига до член на комуната

just as the petty Bourgeoisie, under the yoke of feudal absolutism, managed to develop into a Bourgeoisie

точно както дребната буржоазия, под игото на феодалния абсолютизъм, успя да се превърне в буржоазия

The modern labourer, on the contrary, instead of rising with the progress of industry, sinks deeper and deeper

Съвременният работник, напротив, вместо да се издига с напредъка на индустрията, потъва все по-дълбоко и по-дълбоко

he sinks below the conditions of existence of his own class

той потъва под условията на съществуване на собствената си класа

He becomes a pauper, and pauperism develops more rapidly than population and wealth

Той става просяк, а пауперизмът се развива по-бързо от населението и богатството

And here it becomes evident, that the Bourgeoisie is unfit any longer to be the ruling class in society

И тук става ясно, че буржоазията вече не е годна да бъде господстваща класа в обществото

and it is unfit to impose its conditions of existence upon society as an over-riding law

и е неподходящо да налага своите условия на съществуване на обществото като върховен закон

It is unfit to rule because it is incompetent to assure an existence to its slave within his slavery

То е неспособно да управлява, защото е некомпетентно да осигури съществуване на своя роб в неговото робство

because it cannot help letting him sink into such a state, that it has to feed him, instead of being fed by him

защото не може да не го остави да потъне в такова състояние, че трябва да го храни, вместо да бъде хранен от него

Society can no longer live under this Bourgeoisie

Обществото вече не може да живее под тази буржоазия

in other words, its existence is no longer compatible with society

С други думи, съществуването му вече не е съвместимо с обществото

The essential condition for the existence, and for the sway of the Bourgeoisie class, is the formation and augmentation of capital

Същественото условие за съществуването и за господството на класата на буржоазията е формирането и увеличаването на капитала

the condition for capital is wage-labour

условието за капитал е наемният труд

Wage-labour rests exclusively on competition between the labourers

Наемният труд почива изключително на конкуренцията между работниците

The advance of industry, whose involuntary promoter is the Bourgeoisie, replaces the isolation of the labourers

Напредъкът на индустрията, чийто неволен поддръжник е буржоазията, замества изолацията на работниците

due to competition, due to their revolutionary combination, due to association

поради конкуренцията, поради революционната им комбинация, поради асоциацията

The development of Modern Industry cuts from under its feet the very foundation on which the Bourgeoisie produces and appropriates products

Развитието на модерната индустрия изрязва изпод краката й самата основа, върху която буржоазията произвежда и присвоява продукти

What the Bourgeoisie produces, above all, is its own grave-diggers

Това, което буржоазията произвежда, преди всичко, са собствените си гробари

The fall of the Bourgeoisie and the victory of the Proletariat are equally inevitable

Падането на буржоазията и победата на пролетариата са еднакво неизбежни

Proletarians and Communists
Пролетарии и комунисти

In what relation do the Communists stand to the proletarians as a whole?

В какво отношение стоят комунистите към пролетариите като цяло?

The Communists do not form a separate party opposed to other working-class parties

Комунистите не образуват отделна партия, противоположна на другите партии на работническата класа

They have no interests separate and apart from those of the proletariat as a whole

Те нямат интереси, отделни и отделни от тези на пролетариата като цяло

They do not set up any sectarian principles of their own, by which to shape and mould the proletarian movement

Те не установяват никакви собствени сектантски принципи, чрез които да оформят и оформят пролетарското движение

The Communists are distinguished from the other working-class parties by only two things

Комунистите се отличават от другите работнически партии само с две неща

Firstly, they point out and bring to the front the common interests of the entire proletariat, independently of all nationality

Първо, те изтъкват и извеждат на преден план общите интереси на целия пролетариат, независимо от всяка националност

this they do in the national struggles of the proletarians of the different countries

това те правят в националните борби на пролетариите от различните страни

Secondly, they always and everywhere represent the interests of the movement as a whole

Второ, те винаги и навсякъде представляват интересите на движението като цяло

this they do in the various stages of development, which the struggle of the working class against the Bourgeoisie has to pass through

това те правят в различните стадии на развитие, през които трябва да премине борбата на работническата класа срещу буржоазията

The Communists, therefore, are on the one hand, practically, the most advanced and resolute section of the working-class parties of every country

Следователно комунистите са, от една страна, на практика, най-напредналата и решителна част от работническите партии във всяка страна

they are that section of the working class which pushes forward all others

те са онази част от работническата класа, която тласка напред всички останали

theoretically, they also have the advantage of clearly understanding the line of march

Теоретично те също имат предимството да разбират ясно линията на похода

this they understand better compared the great mass of the proletariat

Те разбират това по-добре в сравнение с огромната маса на пролетариата

they understand the conditions, and the ultimate general results of the proletarian movement

те разбират условията и крайните общи резултати на пролетарското движение

The immediate aim of the Communist is the same as that of all the other proletarian parties

Непосредствената цел на комунистите е същата като тази на всички останали пролетарски партии

their aim is the formation of the proletariat into a class

тяхната цел е формирането на пролетариата в класа

they aim to overthrow the Bourgeoisie supremacy

те се стремят да свалят господството на буржоазията

the strive for the conquest of political power by the proletariat

стремежът към завладяване на политическата власт от пролетариата

The theoretical conclusions of the Communists are in no way based on ideas or principles of reformers

Теоретичните заключения на комунистите по никакъв начин не се основават на идеи или принципи на реформаторите

it wasn't would-be universal reformers that invented or discovered the theoretical conclusions of the Communists

не бъдещите универсални реформатори са тези, които са измислили или открили теоретичните заключения на комунистите

They merely express, in general terms, actual relations springing from an existing class struggle

Те просто изразяват в общи линии действителните отношения, произтичащи от съществуващата класова борба

and they describe the historical movement going on under our very eyes that have created this class struggle

и те описват историческото движение, което се случва пред очите ни, което е създало тази класова борба

The abolition of existing property relations is not at all a distinctive feature of Communism

Премахването на съществуващите отношения на собственост изобщо не е отличителна черта на комунизма

All property relations in the past have continually been subject to historical change

Всички отношения на собственост в миналото са били непрекъснато обект на исторически промени

and these changes were consequent upon the change in historical conditions

и тези промени са следствие от промяната на историческите условия

The French Revolution, for example, abolished feudal property in favour of Bourgeoisie property

Френската революция, например, премахва феодалната собственост в полза на буржоазната собственост

The distinguishing feature of Communism is not the abolition of property, generally

Отличителната черта на комунизма не е премахването на собствеността като цяло

but the distinguishing feature of Communism is the abolition of Bourgeoisie property

но отличителната черта на комунизма е премахването на буржоазната собственост

But modern Bourgeoisie private property is the final and most complete expression of the system of producing and appropriating products

Но съвременната частна собственост на буржоазията е окончателният и най-пълен израз на системата на производство и присвояване на продукти

it is the final state of a system that is based on class antagonisms, where class antagonism is the exploitation of the many by the few

Това е окончателното състояние на системата, която се основава на класови антагонизми, където класовият антагонизъм е експлоатация на мнозинството от малцина

In this sense, the theory of the Communists may be summed up in the single sentence; the Abolition of private property

В този смисъл теорията на комунистите може да бъде обобщена в едно изречение; премахването на частната собственост

We Communists have been reproached with the desire of abolishing the right of personally acquiring property

Ние, комунистите, бяхме упреквани в желанието да се премахне правото на *лично* придобиване на собственост

it is claimed that this property is the fruit of a man's own labour

твърди се, че това свойство е плод на собствения труд на човека

and this property is alleged to be the groundwork of all personal freedom, activity and independence.

и се твърди, че това свойство е основата на цялата лична свобода, дейност и независимост.

"Hard-won, self-acquired, self-earned property!"

"Трудно спечелена, самостоятелно придобита, самоспечелена собственост!"

Do you mean the property of the petty artisan and of the small peasant?

Имате предвид собствеността на дребния занаятчия и на дребния селянин?

Do you mean a form of property that preceded the Bourgeoisie form?

Имате предвид форма на собственост, която предшества буржоазната форма?

There is no need to abolish that, the development of industry has to a great extent already destroyed it

Няма нужда да се премахва това, развитието на промишлеността до голяма степен вече го е унищожило

and development of industry is still destroying it daily

и развитието на индустрията все още я унищожава ежедневно

Or do you mean modern Bourgeoisie private property?

Или имате предвид съвременната буржоазия частна собственост?

But does wage-labour create any property for the labourer?

Но създава ли наемният труд някаква собственост на работника?

no, wage labour creates not one bit of this kind of property!

Не, наемният труд не създава нито една частица от този вид собственост!

what wage labour does create is capital; that kind of property which exploits wage-labour

това, което наемният труд създава, е капиталът; този вид собственост, която експлоатира наемния труд

capital cannot increase except upon condition of begetting a new supply of wage-labour for fresh exploitation

капиталът не може да се увеличава освен при условие, че се поражда ново предлагане на наемен труд за нова експлоатация

Property, in its present form, is based on the antagonism of capital and wage-labour

Собствеността в сегашния си вид се основава на антагонизма на капитала и наемния труд

Let us examine both sides of this antagonism

Нека разгледаме и двете страни на този антагонизъм

To be a capitalist is to have not only a purely personal status

Да бъдеш капиталист означава да имаш не само чисто личен статут

instead, to be a capitalist is also to have a social status in production

Вместо това да бъдеш капиталист означава да имаш и социален статус в производството

because capital is a collective product; only by the united action of many members can it be set in motion

защото капиталът е колективен продукт; Само чрез обединените действия на много членове на ЕП тя може да бъде задвижена

but this united action is a last resort, and actually requires all members of society

Но това обединено действие е крайна мярка и всъщност изисква всички членове на обществото

Capital does get converted into the property of all members of society

Капиталът се превръща в собственост на всички членове на обществото

but Capital is, therefore, not a personal power; it is a social power

но следователно капиталът не е лична сила; тя е социална сила

so when capital is converted into social property, personal property is not thereby transformed into social property

Така че, когато капиталът се превръща в обществена собственост, личната собственост не се превръща в обществена собственост

It is only the social character of the property that is changed, and loses its class-character

Само социалният характер на собствеността се променя и губи своя класов характер

Let us now look at wage-labour

Нека сега разгледаме наемния труд

The average price of wage-labour is the minimum wage, i.e., that quantum of the means of subsistence

Средната цена на наемния труд е минималната работна заплата, т.е. тази сума на средствата за издръжка

this wage is absolutely requisite in bare existence as a labourer

тази заплата е абсолютно необходима за голото съществуване на работника

What, therefore, the wage-labourer appropriates by means of his labour, merely suffices to prolong and reproduce a bare existence

Следователно това, което наемният работник присвоява чрез своя труд, е достатъчно само за удължаване и възпроизвеждане на голото съществуване

We by no means intend to abolish this personal appropriation of the products of labour

Ние в никакъв случай не възнамеряваме да премахнем това лично присвояване на продуктите на труда

an appropriation that is made for the maintenance and reproduction of human life

бюджетни кредити, които се отпускат за поддържане и възпроизводство на човешкия живот

such personal appropriation of the products of labour leave no surplus wherewith to command the labour of others

Такова лично присвояване на продуктите на труда не оставя излишък, с който да се командва трудът на другите

All that we want to do away with, is the miserable character of this appropriation

Всичко, което искаме да премахнем, е мизерният характер на това присвояване

the appropriation under which the labourer lives merely to increase capital

присвояването, с което работникът живее само за да увеличи капитала

he is allowed to live only in so far as the interest of the ruling class requires it

Позволено му е да живее само дотолкова, доколкото интересите на управляващата класа го изискват

In Bourgeoisie society, living labour is but a means to increase accumulated labour

В буржоазното общество живият труд е само средство за увеличаване на натрупания труд

In Communist society, accumulated labour is but a means to widen, to enrich, to promote the existence of the labourer

В комунистическото общество натрупаният труд е само средство за разширяване, обогатяване, подпомагане на съществуването на работника

In Bourgeoisie society, therefore, the past dominates the present

Следователно в буржоазното общество миналото доминира над настоящето

in Communist society the present dominates the past

в комунистическото общество настоящето доминира над миналото

In Bourgeoisie society capital is independent and has individuality

В буржоазното общество капиталът е независим и има индивидуалност

In Bourgeoisie society the living person is dependent and has no individuality

В буржоазното общество живият човек е зависим и няма индивидуалност

And the abolition of this state of things is called by the Bourgeoisie, abolition of individuality and freedom!

И премахването на това състояние на нещата се нарича от буржоазията – премахване на индивидуалността и свободата!

And it is rightly called the abolition of individuality and freedom!

И с право се нарича премахване на индивидуалността и свободата!

Communism aims for the abolition of Bourgeoisie individuality

Комунизмът се стреми към премахване на индивидуалността на буржоазията

Communism intends for the abolition of Bourgeoisie independence

Комунизмът възнамерява да премахне независимостта на буржоазията

Bourgeoisie freedom is undoubtedly what communism is aiming at

Свободата на буржоазията несъмнено е това, към което се стреми комунизмът

under the present Bourgeoisie conditions of production, freedom means free trade, free selling and buying

при сегашните буржоазни условия на производство свободата означава свободна търговия, свободна продажба и покупка

But if selling and buying disappears, free selling and buying also disappears

Но ако продажбата и покупката изчезнат, свободните продажби и покупки също изчезват

"brave words" by the Bourgeoisie about free selling and buying only have meaning in a limited sense

"смелите думи" на буржоазията за свободна продажба и покупка имат само ограничен смисъл

these words have meaning only in contrast with restricted selling and buying

Тези думи имат значение само в контраст с ограничената продажба и покупка

and these words have meaning only when applied to the fettered traders of the Middle Ages

и тези думи имат значение само когато се прилагат към окованите търговци от Средновековието

and that assumes these words even have meaning in a Bourgeoisie sense

и това предполага, че тези думи дори имат значение в буржоазен смисъл

but these words have no meaning when they're being used to oppose the Communistic abolition of buying and selling

но тези думи нямат никакво значение, когато се използват за противопоставяне на комунистическото премахване на покупко-продажбата

the words have no meaning when they're being used to oppose the Bourgeoisie conditions of production being abolished

думите нямат никакво значение, когато се използват за противопоставяне на буржоазните условия на производство

and they have no meaning when they're being used to oppose the Bourgeoisie itself being abolished

и те нямат никакъв смисъл, когато се използват, за да се противопоставят на премахването на самата буржоазия

You are horrified at our intending to do away with private property

Ужасени сте от намерението ни да премахнем частната собственост

But in your existing society, private property is already done away with for nine-tenths of the population

Но във вашето съществуващо общество частната собственост вече е премахната за девет десети от населението

the existence of private property for the few is solely due to its non-existence in the hands of nine-tenths of the population

Съществуването на частна собственост за малцина се дължи единствено на несъществуването й в ръцете на девет десети от населението

You reproach us, therefore, with intending to do away with a form of property

Затова ни упреквате, че възнамерявате да премахнем някаква форма на собственост

but private property necessitates the non-existence of any property for the immense majority of society

но частната собственост изисква несъществуването на каквато и да е собственост за огромното мнозинство от обществото

In one word, you reproach us with intending to do away with your property

С една дума, вие ни упреквате, че възнамерявате да премахнем имуществото ви

And it is precisely so; doing away with your Property is just what we intend

И точно така; премахването на вашето имущество е точно това, което възнамеряваме

From the moment when labour can no longer be converted into capital, money, or rent

От момента, в който трудът вече не може да бъде превърнат в капитал, пари или рента

when labour can no longer be converted into a social power capable of being monopolised

когато трудът вече не може да бъде превърнат в
обществена сила, която може да бъде монополизирана

**from the moment when individual property can no longer
be transformed into Bourgeoisie property**

от момента, в който индивидуалната собственост вече не
може да бъде преобразувана в буржоазна собственост

**from the moment when individual property can no longer
be transformed into capital**

от момента, в който индивидуалната собственост вече не
може да бъде превърната в капитал

from that moment, you say individuality vanishes

От този момент казвате, че индивидуалността изчезва

**You must, therefore, confess that by "individual" you mean
no other person than the Bourgeoisie**

Затова трябва да признаете, че под "индивид" не
разбирате нищо друго, освен буржоазията

**you must confess it specifically refers to the middle-class
owner of property**

Трябва да признаете, че това се отнася конкретно за
собственика на собственост от средната класа

**This person must, indeed, be swept out of the way, and
made impossible**

Този човек наистина трябва да бъде пометен от пътя и да
стане невъзможен

**Communism deprives no man of the power to appropriate
the products of society**

Комунизмът не лишава никого от властта да присвоява
продуктите на обществото

**all that Communism does is to deprive him of the power to
subjugate the labour of others by means of such
appropriation**

всичко, което комунизмът прави, е да го лиши от властта
да подчини труда на другите чрез такова присвояване

**It has been objected that upon the abolition of private
property all work will cease**

Възразява се, че след премахването на частната собственост всяка работа ще спре

and it is then suggested that universal laziness will overtake us

и тогава се предполага, че всеобщият мързел ще ни застигне

According to this, Bourgeoisie society ought long ago to have gone to the dogs through sheer idleness

Според това буржоазното общество отдавна е трябвало да отиде при кучетата чрез чисто безделие

because those of its members who work, acquire nothing

защото онези от нейните членове, които работят, не придобиват нищо

and those of its members who acquire anything, do not work

а онези от нейните членове, които придобиват нещо, не работят

The whole of this objection is but another expression of the tautology

Цялото това възражение е само още един израз на тавтологията

there can no longer be any wage-labour when there is no longer any capital

не може вече да има наемен труд, когато вече няма капитал

there is no difference between material products and mental products

Няма разлика между материални продукти и умствени продукти

communism proposes both of these are produced in the same way

комунизмът предлага и двете да се произвеждат по един и същи начин

but the objections against the Communistic modes of producing these are the same

но възраженията срещу комунистическите начини на тяхното производство са едни и същи

to the Bourgeoisie the disappearance of class property is the
disappearance of production itself

за буржоазията изчезването на класовата собственост е
изчезване на самото производство

so the disappearance of class culture is to him identical with
the disappearance of all culture

така че изчезването на класовата култура за него е
идентично с изчезването на цялата култура

That culture, the loss of which he laments, is for the
enormous majority a mere training to act as a machine

Тази култура, за загубата на която той се оплаква, за
огромното мнозинство е просто обучение да действа като
машина

Communists very much intend to abolish the culture of
Bourgeoisie property

Комунистите силно възнамеряват да премахнат културата
на буржоазната собственост

But don't wrangle with us so long as you apply the standard
of your Bourgeoisie notions of freedom, culture, law, etc

Но не спорете с нас, докато прилагате стандарта на вашите
буржоазни представи за свобода, култура, право и т.н

Your very ideas are but the outgrowth of the conditions of
your Bourgeoisie production and Bourgeoisie property

Самите Ваши идеи са само резултат от условията на
Вашето буржоазно производство и буржоазна собственост

just as your jurisprudence is but the will of your class made
into a law for all

точно както вашата юриспруденция е само волята на
вашата класа, превърната в закон за всички

the essential character and direction of this will are
determined by the economical conditions your social class
create

Същността и посоката на тази воля се определят от
икономическите условия, които вашата социална класа
създава

The selfish misconception that induces you to transform social forms into eternal laws of nature and of reason
Егоистичното погрешно схващане, което ви подтиква да превръщате социалните форми във вечни закони на природата и разума

the social forms springing from your present mode of production and form of property
социалните форми, произтичащи от сегашния ви начин на производство и форма на собственост

historical relations that rise and disappear in the progress of production
исторически отношения, които се издигат и изчезват в хода на производството

this misconception you share with every ruling class that has preceded you
Това погрешно схващане споделяте с всяка управляваща класа, която ви е предшествала

What you see clearly in the case of ancient property, what you admit in the case of feudal property
Какво виждате ясно в случая с древната собственост, какво допускате в случая с феодалната собственост

these things you are of course forbidden to admit in the case of your own Bourgeoisie form of property
тези неща, разбира се, ви е забранено да допускате в случая на вашата собствена буржоазна форма на собственост

Abolition of the family! Even the most radical flare up at this infamous proposal of the Communists
Премахване на семейството! Дори и най-радикалните пламват от това позорно предложение на комунистите

On what foundation is the present family, the Bourgeoisie family, based?
На каква основа се основава сегашното семейство, буржоазното семейство?

the foundation of the present family is based on capital and private gain

Основаването на настоящото семейство се основава на капитал и частна печалба

In its completely developed form this family exists only among the Bourgeoisie

В своята напълно развита форма това семейство съществува само сред буржоазията

this state of things finds its complement in the practical absence of the family among the proletarians

Това състояние на нещата намира своето допълнение в практическото отсъствие на семейството сред пролетариите

this state of things can be found in public prostitution

Това състояние на нещата може да се намери в обществената проституция

The Bourgeoisie family will vanish as a matter of course when its complement vanishes

Буржоазното семейство ще изчезне като нещо естествено, когато неговото допълнение изчезне

and both of these will will vanish with the vanishing of capital

и двете ще изчезнат с изчезването на капитала

Do you charge us with wanting to stop the exploitation of children by their parents?

Обвинявате ли ни, че искаме да спрем експлоатацията на деца от техните родители?

To this crime we plead guilty

За това престъпление ние се признаваме за виновни

But, you will say, we destroy the most hallowed of relations, when we replace home education by social education

Но, ще кажете, ние разрушаваме най-свещените отношения, когато заменяме домашното възпитание със социално възпитание

is your education not also social? And is it not determined by the social conditions under which you educate?

Вашето образование не е ли и социално? И не се ли определя от социалните условия, при които възпитавате?

by the intervention, direct or indirect, of society, by means
of schools, etc.

чрез пряка или косвена намеса на обществото, чрез
училищата и т.н.

The Communists have not invented the intervention of
society in education

Комунистите не са измислили намесата на обществото в
образованието

they do but seek to alter the character of that intervention

те само се стремят да променят характера на тази намеса

and they seek to rescue education from the influence of the
ruling class

и се стремят да спасят образованието от влиянието на
управляващата класа

The Bourgeoisie talk of the hallowed co-relation of parent
and child

Буржоазията говори за свещеното съотношение между
родител и дете

but this clap-trap about the family and education becomes
all the more disgusting when we look at Modern Industry

но този капан за семейството и образованието става още
по-отвратителен, когато погледнем модерната индустрия

all family ties among the proletarians are torn asunder by
modern industry

Всички семейни връзки между пролетариите са разкъсани
от съвременната индустрия

their children are transformed into simple articles of
commerce and instruments of labour

децата им се превръщат в прости предмети на търговията
и инструменти на труда

But you Communists would create a community of women,
screams the whole Bourgeoisie in chorus

Но вие, комунистите, бихте създали общност от жени,
крещи цялата буржоазия в хор

The Bourgeoisie sees in his wife a mere instrument of
production

Буржоазията вижда в жена си просто инструмент за производство

He hears that the instruments of production are to be exploited by all

Той чува, че инструментите за производство трябва да бъдат експлоатирани от всички

and, naturally, he can come to no other conclusion than that the lot of being common to all will likewise fall to women

и, естествено, той не може да стигне до друго заключение, освен че съдбата да бъде обща за всички също ще се падне на жените

He has not even a suspicion that the real point is to do away with the status of women as mere instruments of production

Той дори не подозира, че истинският смисъл е да се премахне статутът на жените като обикновени инструменти за производство

For the rest, nothing is more ridiculous than the virtuous indignation of our Bourgeoisie at the community of women

За останалото нищо не е по-смешно от добродетелното възмущение на нашата буржоазия срещу общността на жените

they pretend it is to be openly and officially established by the Communists

те се преструват, че тя трябва да бъде открито и официално установена от комунистите

The Communists have no need to introduce community of women, it has existed almost from time immemorial

Комунистите нямат нужда да въвеждат общност на жените, тя съществува почти от незапомнени времена

Our Bourgeoisie are not content with having the wives and daughters of their proletarians at their disposal

Нашата буржоазия не се задоволява с това, че има на разположение жените и дъщерите на своите пролетарии

they take the greatest pleasure in seducing each other's wives

те изпитват най-голямо удоволствие да съблазняват жените си

and that is not even to speak of common prostitutes

и това дори не става дума за обикновените проститутки

Bourgeoisie marriage is in reality a system of wives in common

Буржоазният брак в действителност е система от общи съпруги

then there is one thing that the Communists might possibly be reproached with

тогава има едно нещо, в което комунистите биха могли да бъдат упрекнати

they desire to introduce an openly legalised community of women

Те желаят да въведат открито легализирана общност от жени

rather than a hypocritically concealed community of women

а не лицемерно прикрита общност от жени

the community of women springing from the system of production

общността на жените, произтичаща от системата на производство

abolish the system of production, and you abolish the community of women

Премахване на производствената система и премахване на общността на жените

both public prostitution is abolished, and private prostitution

Премахва се както публичната проституция, така и частната проституция

The Communists are further more reproached with desiring to abolish countries and nationality

Комунистите са още по-упреквани, че искат да премахнат държави и националности

The working men have no country, so we cannot take from them what they have not got

Работниците нямат държава, затова не можем да им вземем това, което те нямат

the proletariat must first of all acquire political supremacy

пролетариатът трябва преди всичко да придобие политическо надмощие

the proletariat must rise to be the leading class of the nation

пролетариатът трябва да се издигне до водеща класа на нацията

the proletariat must constitute itself the nation

пролетариатът трябва да конституира себе си като нация

it is, so far, itself national, though not in the Bourgeoisie sense of the word

засега тя сама по себе си е национална, макар и не в буржоазния смисъл на думата

National differences and antagonisms between peoples are daily more and more vanishing

Националните различия и антагонизми между народите с всеки изминал ден изчезват все повече и повече

owing to the development of the Bourgeoisie, to freedom of commerce, to the world-market

благодарение на развитието на буржоазията, на свободата на търговията, на световния пазар

to uniformity in the mode of production and in the conditions of life corresponding thereto

еднаквост на начина на производство и на съответните му условия на живот

The supremacy of the proletariat will cause them to vanish still faster

Върховенството на пролетариата ще ги накара да изчезнат още по-бързо

United action, of the leading civilised countries at least, is one of the first conditions for the emancipation of the proletariat

Обединените действия, поне на водещите цивилизовани страни, са едно от първите условия за освобождението на пролетариата

In proportion as the exploitation of one individual by another is put an end to, the exploitation of one nation by another will also be put an end to

Доколкото се прекратява експлоатацията на един индивид от друг, ще бъде прекратена и експлоатацията на една нация от друга.

In proportion as the antagonism between classes within the nation vanishes, the hostility of one nation to another will come to an end

В степента, в която антагонизмът между класите в нацията изчезне, враждебността на една нация към друга ще приключи

The charges against Communism made from a religious, a philosophical, and, generally, from an ideological standpoint, are not deserving of serious examination

Обвиненията срещу комунизма, отправени от религиозна, философска и изобщо идеологическа гледна точка, не заслужават сериозно изследване

Does it require deep intuition to comprehend that man's ideas, views and conceptions changes with every change in the conditions of his material existence?

Изисква ли се дълбока интуиция, за да се разбере, че идеите, възгледите и концепциите на човека се променят с всяка промяна в условията на неговото материално съществуване?

is it not obvious that man's consciousness changes when his social relations and his social life changes?

Не е ли очевидно, че съзнанието на човека се променя, когато се променят неговите обществени отношения и неговият обществен живот?

What else does the history of ideas prove, than that intellectual production changes its character in proportion as material production is changed?

Какво друго доказва историята на идеите, освен че интелектуалното производство променя своя характер пропорционално на промяната на материалното производство?

The ruling ideas of each age have ever been the ideas of its ruling class

Управляващите идеи на всяка епоха винаги са били идеите на нейната управляваща класа

When people speak of ideas that revolutionise society, they do but express one fact

Когато хората говорят за идеи, които революционизират обществото, те изразяват само един факт

within the old society, the elements of a new one have been created

В старото общество са създадени елементите на ново общество

and that the dissolution of the old ideas keeps even pace with the dissolution of the old conditions of existence

и че разпадането на старите идеи върви в крак с разпадането на старите условия на съществуване

When the ancient world was in its last throes, the ancient religions were overcome by Christianity

Когато древният свят е в последните си агонии, древните религии са победени от християнството

When Christian ideas succumbed in the 18th century to rationalist ideas, feudal society fought its death battle with the then revolutionary Bourgeoisie

Когато християнските идеи се поддават през 18 век на рационалистическите идеи, феодалното общество води смъртната си битка с тогавашната революционна буржоазия

The ideas of religious liberty and freedom of conscience merely gave expression to the sway of free competition within the domain of knowledge

Идеите за религиозна свобода и свобода на съвестта просто дадоха израз на влиянието на свободната конкуренция в областта на знанието

"Undoubtedly," it will be said, "religious, moral, philosophical and juridical ideas have been modified in the course of historical development"

"Несъмнено", ще се каже, "религиозните, моралните, философските и юридическите идеи са били видоизменени в хода на историческото развитие"

"But religion, morality philosophy, political science, and law, constantly survived this change"

"Но религията, моралната философия, политологията и правото постоянно оцеляват в тази промяна."

"There are also eternal truths, such as Freedom, Justice, etc"

"Има и вечни истини, като Свобода, Справедливост и т.н."

"these eternal truths are common to all states of society"

"Тези вечни истини са общи за всички състояния на обществото"

"But Communism abolishes eternal truths, it abolishes all religion, and all morality"

"Но комунизмът премахва вечните истини, той премахва всяка религия и всеки морал"

"it does this instead of constituting them on a new basis"

"Прави това, вместо да ги конституира на нова основа"

"it therefore acts in contradiction to all past historical experience"

"следователно той действа в противоречие с целия минал исторически опит"

What does this accusation reduce itself to?

До какво се свежда това обвинение?

The history of all past society has consisted in the development of class antagonisms

Историята на цялото минало общество се е състояла в развитието на класови противоположности

antagonisms that assumed different forms at different epochs

антагонизми, които са приемали различни форми в различни епохи

But whatever form they may have taken, one fact is common to all past ages

Но каквато и форма да са приели, един факт е общ за всички минали епохи

the exploitation of one part of society by the other

експлоатацията на една част от обществото от друга

No wonder, then, that the social consciousness of past ages moves within certain common forms, or general ideas

Затова не е чудно, че общественото съзнание на миналите епохи се движи в определени общи форми или общи идеи

(and that is despite all the multiplicity and variety it displays)

(и това е въпреки цялото разнообразие и разнообразие, които показва)

and these cannot completely vanish except with the total disappearance of class antagonisms

и те не могат напълно да изчезнат, освен с пълното изчезване на класовите противоречия

The Communist revolution is the most radical rupture with traditional property relations

Комунистическата революция е най-радикалното разминаване на традиционните отношения на собственост

no wonder that its development involves the most radical rupture with traditional ideas

Нищо чудно, че развитието му включва най-радикалното скъсване с традиционните идеи

But let us have done with the Bourgeoisie objections to Communism

Но нека приключим с буржоазните възражения срещу комунизма

We have seen above the first step in the revolution by the working class

По-горе видяхме първата стъпка в революцията на работническата класа

proletariat has to be raised to the position of ruling, to win the battle of democracy

пролетариатът трябва да бъде издигнат до позицията на управляващ, за да спечели битката за демокрация

The proletariat will use its political supremacy to wrest, by degrees, all capital from the Bourgeoisie

Пролетариатът ще използва своето политическо превъзходство, за да изтръгне постепенно целия капитал от буржоазията

it will centralise all instruments of production in the hands of the State

тя ще централизира всички инструменти за производство в ръцете на държавата

in other words, the proletariat organised as the ruling class

С други думи, пролетариатът се организира като господстваща класа

and it will increase the total of productive forces as rapidly as possible

и ще увеличи общата производителност на силите възможно най-бързо

Of course, in the beginning, this cannot be effected except by means of despotic inroads on the rights of property

Разбира се, в началото това не може да се осъществи освен чрез деспотично посегателство върху правата на собственост

and it has to be achieved on the conditions of Bourgeoisie production

и това трябва да бъде постигнато в условията на буржоазното производство

it is achieved by means of measures, therefore, which appear economically insufficient and untenable

следователно то се постига чрез мерки, които изглеждат икономически недостатъчни и несъстоятелни

but these means, in the course of the movement, outstrip themselves

но тези средства в хода на движението изпреварват самите себе си

they necessitate further inroads upon the old social order

те налагат по-нататъшно навлизане в стария социален ред

and they are unavoidable as a means of entirely revolutionising the mode of production

и те са неизбежни като средство за пълно революционизиране на начина на производство

These measures will of course be different in different countries

Тези мерки, разбира се, ще бъдат различни в различните държави

Nevertheless in the most advanced countries, the following will be pretty generally applicable

Въпреки това в най-напредналите страни следното ще бъде доста общо приложимо

1. Abolition of property in land and application of all rents of land to public purposes.

1. Премахване на собствеността върху земята и прилагане на всички ренти върху земята за обществени нужди.

2. A heavy progressive or graduated income tax.

2. Тежък прогресивен или градуиран данък върху доходите.

3. Abolition of all right of inheritance.

3. Премахване на всяко право на наследство.

4. Confiscation of the property of all emigrants and rebels.

4. Конфискация на имуществото на всички емигранти и бунтовници.

5. Centralisation of credit in the hands of the State, by means of a national bank with State capital and an exclusive monopoly.

5. Централизиране на кредита в ръцете на държавата чрез национална банка с държавен капитал и изключителен монопол.

6. Centralisation of the means of communication and transport in the hands of the State.

6. Централизиране на средствата за комуникация и транспорт в ръцете на държавата.

7. Extension of factories and instruments of production owned by the State

7. Разширяване на фабриките и инструментите за производство, собственост на държавата

the bringing into cultivation of waste-lands, and the improvement of the soil generally in accordance with a common plan.

въвеждането в експлоатация на пустеещи земи и подобряването на почвата като цяло в съответствие с общ план.

8. Equal liability of all to labour

8. Еднаква отговорност на всички към труда

Establishment of industrial armies, especially for agriculture.

Създаване на индустриални армии, особено за селското стопанство.

9. Combination of agriculture with manufacturing industries

9. Съчетаване на селското стопанство с производствената промишленост

gradual abolition of the distinction between town and country, by a more equable distribution of the population over the country.

постепенно премахване на разграничението между град и село чрез по-равномерно разпределение на населението в страната.

10. Free education for all children in public schools.

10. Безплатно образование за всички деца в държавните училища.

Abolition of children's factory labour in its present form

Премахване на детския фабричен труд в сегашния му вид

Combination of education with industrial production

Комбинация от образование с промишлено производство

When, in the course of development, class distinctions have disappeared

Когато в хода на развитието си класовите различия са изчезнали

and when all production has been concentrated in the hands of a vast association of the whole nation

и когато цялото производство е съсредоточено в ръцете на огромно обединение на цялата нация

then the public power will lose its political character

тогава публичната власт ще загуби политическия си характер

Political power, properly so called, is merely the organised power of one class for oppressing another

Политическата власт, както се нарича така, е просто организираната сила на една класа за потискане на друга

If the proletariat during its contest with the Bourgeoisie is compelled, by the force of circumstances, to organise itself as a class

Ако пролетариатът по време на своята борба с буржоазията е принуден по силата на обстоятелствата да се организира като класа

if, by means of a revolution, it makes itself the ruling class

ако чрез революция тя се превърне в господстваща класа

and, as such, it sweeps away by force the old conditions of production

и като такъв, той помита със сила старите условия на производство

then it will, along with these conditions, have swept away the conditions for the existence of class antagonisms and of classes generally

тогава заедно с тези условия тя ще помете условията за съществуване на класови противоречия и на класите изобщо

and will thereby have abolished its own supremacy as a class.

и по този начин ще премахне собственото си превъзходство като класа.

**In place of the old Bourgeoisie society, with its classes and
class antagonisms, we shall have an association**

На мястото на старото буржоазно общество с неговите
класи и класови противоположности ще имаме
асоциация

**an association in which the free development of each is the
condition for the free development of all**

сдружение, в което свободното развитие на всеки е условие
за свободното развитие на всички

1) Reactionary Socialism
1) Реакционен социализъм

a) Feudal Socialism
a) Феодален социализъм

the aristocracies of France and England had a unique historical position

аристокрациите на Франция и Англия имат уникално историческо положение

it became their vocation to write pamphlets against modern Bourgeoisie society

тяхно призвание стана да пишат памфлети срещу съвременното буржоазно общество

In the French revolution of July 1830, and in the English reform agitation

Във Френската революция от юли 1830 г. и в английската реформаторска агитация

these aristocracies again succumbed to the hateful upstart

Тези аристокрации отново се поддадоха на новобранец

Thenceforth, a serious political contest was altogether out of the question

Оттук нататък за сериозно политическо състезание не можеше да става и дума

All that remained possible was literary battle, not an actual battle

Всичко, което остава възможно, е литературна битка, а не истинска битка

But even in the domain of literature the old cries of the restoration period had become impossible

Но дори и в областта на литературата старите викове от реставрационния период са станали невъзможни

In order to arouse sympathy, the aristocracy were obliged to lose sight, apparently, of their own interests

За да предизвика симпатии, аристокрацията беше принудена да изпусне от поглед, очевидно, собствените си интереси

and they were obliged to formulate their indictment against the Bourgeoisie in the interest of the exploited working class

и те бяха принудени да формулират своя обвинителен акт срещу буржоазията в интерес на експлоатираната работническа класа

Thus the aristocracy took their revenge by singing lampoons on their new master

Така аристокрацията си отмъщава, като пее патрубки на новия си господар

and they took their revenge by whispering in his ears sinister prophecies of coming catastrophe

и те си отмъщаваха, като шепнеха в ушите му зловещи пророчества за предстояща катастрофа

In this way arose Feudal Socialism: half lamentation, half lampoon

Така възникна феодалният социализъм: наполовина плач, наполовина пасмия

it rung as half echo of the past, and projected half menace of the future

Тя звъни като полуехо от миналото и проектираше наполовина заплаха от бъдещето

at times, by its bitter, witty and incisive criticism, it struck the Bourgeoisie to the very heart's core

понякога, със своята горчива, остроумна и проницателна критика, тя поразява буржоазията до сърцевината

but it was always ludicrous in its effect, through total incapacity to comprehend the march of modern history

но тя винаги е била абсурдна в ефекта си, поради пълна неспособност да се разбере хода на съвременната история

The aristocracy, in order to rally the people to them, waved the proletarian alms-bag in front for a banner

Аристокрацията, за да сплоти народа към себе си, размаха пролетарската торба с милостиня отпред за знаме

But the people, so often as it joined them, saw on their hindquarters the old feudal coats of arms

Но народът, толкова често, колкото се присъединяваше към тях, виждаше на задните си части старите феодални гербове

and they deserted with loud and irreverent laughter

и те напуснаха със силен и непочтителен смях

One section of the French Legitimists and "Young England" exhibited this spectacle

Една част от френските легитимисти и "Млада Англия" показаха този спектакъл

the feudalists pointed out that their mode of exploitation was different to that of the Bourgeoisie

феодалистите посочват, че техният начин на експлоатация е различен от този на буржоазията

the feudalists forget that they exploited under circumstances and conditions that were quite different

феодалистите забравят, че са експлоатирали при съвсем различни обстоятелства и условия.

and they didn't notice such methods of exploitation are now antiquated

и те не забелязаха, че такива методи на експлоатация вече са остарели

they showed that, under their rule, the modern proletariat never existed

те показаха, че при тяхно управление съвременният пролетариат никога не е съществувал

but they forget that the modern Bourgeoisie is the necessary offspring of their own form of society

но те забравят, че съвременната буржоазия е необходимото потомство на тяхната собствена форма на общество

For the rest, they hardly conceal the reactionary character of their criticism

В останалото те едва ли прикриват реакционния характер на своята критика

their chief accusation against the Bourgeoisie amounts to the
following

главното им обвинение срещу буржоазията се свежда до
следното

under the Bourgeoisie regime a social class is being
developed

при буржоазния режим се развива социална класа

this social class is destined to cut up root and branch the old
order of society

Тази социална класа е предопределена да отсече корените
и да разклони стария обществен ред

What they upbraid the Bourgeoisie with is not so much that
it creates a proletariat

Това, за което те упрекват буржоазията, не е толкова това,
че тя създава пролетариат

what they upbraid the Bourgeoisie with is moreso that it
creates a revolutionary proletariat

това, с което те упрекват буржоазията, е нещо повече, че
тя създава революционен пролетариат

In political practice, therefore, they join in all coercive
measures against the working class

Затова в политическата практика те се присъединяват към
всички принудителни мерки срещу работническата класа

and in ordinary life, despite their highfalutin phrases, they
stoop to pick up the golden apples dropped from the tree of
industry

И в обикновения живот, въпреки високите си фрази, те се
навеждат да вземат златните ябълки, паднали от дървото
на индустрията

and they barter truth, love, and honour for commerce in
wool, beetroot-sugar, and potato spirits

и разменят истината, любовта и честта за търговия с
вълна, цвекло, захар и картофени спиртни напитки

As the parson has ever gone hand in hand with the landlord,
so has Clerical Socialism with Feudal Socialism

Както свещеникът винаги е вървял ръка за ръка с
земевладелеца, така и духовният социализъм с феодалния
социализъм

**Nothing is easier than to give Christian asceticism a Socialist
tinge**

Нищо не е по-лесно от това да придадем на християнския
аскетизъм социалистически оттенък

**Has not Christianity declaimed against private property,
against marriage, against the State?**

Не е ли християнството декламирало срещу частната
собственост, срещу брака, срещу държавата?

**Has Christianity not preached in the place of these, charity
and poverty?**

Не проповядва ли християнството на мястото на тях
милосърдие и бедност?

**Does Christianity not preach celibacy and mortification of
the flesh, monastic life and Mother Church?**

Не проповядва ли християнството безбрачие и
умъртвяване на плътта, монашеския живот и Майката
Църква?

**Christian Socialism is but the holy water with which the
priest consecrates the heart-burnings of the aristocrat**

Християнският социализъм е само светената вода, с която
свещеникът освещава изгарянето на сърцето на
аристократа

b) Petty-Bourgeois Socialism
б) Дребнобуржоазен социализъм

The feudal aristocracy was not the only class that was ruined by the Bourgeoisie
Феодалната аристокрация не е единствената класа, която е разрушена от буржоазията
it was not the only class whose conditions of existence pined and perished in the atmosphere of modern Bourgeoisie society
това не беше единствената класа, чиито условия на съществуване тъгуваха и загиваха в атмосферата на съвременното буржоазно общество
The medieval burgesses and the small peasant proprietors were the precursors of the modern Bourgeoisie
Средновековните граждани и дребните селски собственици са предшественици на съвременната буржоазия
In those countries which are but little developed, industrially and commercially, these two classes still vegetate side by side
В онези страни, които са слабо развити в промишлено и търговско отношение, тези две класи все още растат една до друга
and in the meantime the Bourgeoisie rise up next to them: industrially, commercially, and politically
а междувременно буржоазията се надига до тях: индустриално, търговско и политическо
In countries where modern civilisation has become fully developed, a new class of petty Bourgeoisie has been formed
В страните, където съвременната цивилизация е напълно развита, се формира нова класа на дребната буржоазия
this new social class fluctuates between proletariat and Bourgeoisie
тази нова социална класа се колебае между пролетариата и буржоазията

and it is ever renewing itself as a supplementary part of Bourgeoisie society

и непрекъснато се обновява като допълваща част от буржоазното общество

The individual members of this class, however, are being constantly hurled down into the proletariat

Отделните членове на тази класа обаче непрекъснато се хвърлят в пролетариата

they are sucked up by the proletariat through the action of competition

те са засмукани от пролетариата чрез действието на конкуренцията

as modern industry develops they even see the moment approaching when they will completely disappear as an independent section of modern society

С развитието на съвременната индустрия те дори виждат момента, в който напълно ще изчезнат като независима част от съвременното общество

they will be replaced, in manufactures, agriculture and commerce, by overlookers, bailiffs and shopmen

те ще бъдат заменени в манифактурите, селското стопанство и търговията от надзиратели, съдебни изпълнители и търговци

In countries like France, where the peasants constitute far more than half of the population

В страни като Франция, където селяните съставляват много повече от половината от населението

it was natural that there there are writers who sided with the proletariat against the Bourgeoisie

естествено е, че има писатели, които са на страната на пролетариата срещу буржоазията

in their criticism of the Bourgeoisie regime they used the standard of the peasant and petty Bourgeoisie

в своята критика на буржоазния режим те използваха стандарта на селската и дребнобуржоазията

and from the standpoint of these intermediate classes they take up the cudgels for the working class

и от гледна точка на тези междинни класи те поемат тоягите за работническата класа

Thus arose petty-Bourgeoisie Socialism, of which Sismondi was the head of this school, not only in France but also in England

Така възниква дребнобуржоазният социализъм, на който Сисмонди е ръководител на тази школа не само във Франция, но и в Англия

This school of Socialism dissected with great acuteness the contradictions in the conditions of modern production

Тази социалистическа школа с голяма острота анализира противоречията в условията на съвременното производство

This school laid bare the hypocritical apologies of economists

Това училище разкри лицемерните извинения на икономистите

This school proved, incontrovertibly, the disastrous effects of machinery and division of labour

Тази школа доказа неоспоримо пагубните последици от машините и разделението на труда

it proved the concentration of capital and land in a few hands

това доказва концентрацията на капитал и земя в няколко ръце

it proved how overproduction leads to Bourgeoisie crises

той доказа как свръхпроизводството води до буржоазни кризи

it pointed out the inevitable ruin of the petty Bourgeoisie and peasant

той посочва неизбежната гибел на дребната буржоазия и селяни

the misery of the proletariat, the anarchy in production, the crying inequalities in the distribution of wealth

мизерията на пролетариата, анархията в производството, крещящите неравенства в разпределението на богатството

it showed how the system of production leads the industrial war of extermination between nations

Тя показа как производствената система води индустриалната война на изтребление между нациите

the dissolution of old moral bonds, of the old family relations, of the old nationalities

разпадането на старите морални връзки, на старите семейни отношения, на старите националности

In its positive aims, however, this form of Socialism aspires to achieve one of two things

В своите положителни цели обаче тази форма на социализъм се стреми да постигне едно от двете неща

either it aims to restore the old means of production and of exchange

или има за цел да възстанови старите средства за производство и размяна

and with the old means of production it would restore the old property relations, and the old society

и със старите средства за производство ще възстанови старите отношения на собственост и старото общество

or it aims to cramp the modern means of production and exchange into the old framework of the property relations

или има за цел да стесне съвременните средства за производство и размяна в старите рамки на отношенията на собственост

In either case, it is both reactionary and Utopian

И в двата случая тя е едновременно реакционна и утопична

Its last words are: corporate guilds for manufacture, patriarchal relations in agriculture

Последните му думи са: корпоративни гилдии за производство, патриархални отношения в селското стопанство

Ultimately, when stubborn historical facts had dispersed all intoxicating effects of self-deception
В крайна сметка, когато упоритите исторически факти разпръснаха всички опияняващи ефекти на самозаблудата
this form of Socialism ended in a miserable fit of pity
тази форма на социализъм завърши с жалък пристъп на съжаление

c) German, or "True," Socialism
в) немски или "истински" социализъм

The Socialist and Communist literature of France originated under the pressure of a Bourgeoisie in power
Социалистическата и комунистическата литература на Франция възниква под натиска на буржоазията на власт
and this literature was the expression of the struggle against this power
и тази литература беше израз на борбата срещу тази власт
it was introduced into Germany at a time when the Bourgeoisie had just begun its contest with feudal absolutism
тя е въведена в Германия по време, когато буржоазията тъкмо е започнала състезанието си с феодалния абсолютизъм
German philosophers, would-be philosophers, and beaux esprits, eagerly seized on this literature
Немските философи, бъдещи философи и красавици с нетърпение се възползваха от тази литература
but they forgot that the writings immigrated from France into Germany without bringing the French social conditions along
но те забравят, че писанията са емигрирали от Франция в Германия, без да донесат френските социални условия
In contact with German social conditions, this French literature lost all its immediate practical significance
В контакт с германските социални условия тази френска литература губи цялото си непосредствено практическо значение
and the Communist literature of France assumed a purely literary aspect in German academic circles
а комунистическата литература на Франция придобива чисто литературен аспект в германските академични кръгове

Thus, the demands of the first French Revolution were nothing more than the demands of "Practical Reason"

По този начин исканията на Първата френска революция не бяха нищо повече от искания на "практическия разум"

and the utterance of the will of the revolutionary French Bourgeoisie signified in their eyes the law of pure Will

и изричането на волята на революционната френска буржоазия означаваше в техните очи закона на чистата воля

it signified Will as it was bound to be; of true human Will generally

то означаваше Волята такава, каквато трябваше да бъде; на истинската човешка воля като цяло

The world of the German literati consisted solely in bringing the new French ideas into harmony with their ancient philosophical conscience

Светът на немските литератори се състоеше единствено в привеждането на новите френски идеи в хармония с тяхната древна философска съвест

or rather, they annexed the French ideas without deserting their own philosophic point of view

или по-скоро те анексираха френските идеи, без да изоставят собствената си философска гледна точка

This annexation took place in the same way in which a foreign language is appropriated, namely, by translation

Това анексиране е извършено по същия начин, по който се присвоява чужд език, а именно чрез превод

It is well known how the monks wrote silly lives of Catholic Saints over manuscripts

Добре известно е как монасите са писали глупави жития на католически светци върху ръкописи

the manuscripts on which the classical works of ancient heathendom had been written

ръкописите, върху които са написани класическите произведения на древното езичество

The German literati reversed this process with the profane
French literature

Немските литератори обръщат този процес с профанната
френска литература

They wrote their philosophical nonsense beneath the French
original

Те написаха своите философски глупости под френския
оригинал

For instance, beneath the French criticism of the economic
functions of money, they wrote "Alienation of Humanity"

Например, под френската критика на икономическите
функции на парите, те написаха "Отчуждение на
човечеството"

beneath the French criticism of the Bourgeoisie State they
wrote "dethronement of the Category of the General"

под френската критика на буржоазната държава те
написаха "детрониране на категорията на генерала"

The introduction of these philosophical phrases at the back
of the French historical criticisms they dubbed:

Въвеждането на тези философски фрази в гърба на
френската историческа критика те наричат:

"Philosophy of Action," "True Socialism," "German Science
of Socialism," "Philosophical Foundation of Socialism," and
so on

"Философия на действието", "Истински социализъм",
"Немска наука за социализма", "Философска основа на
социализма" и т.н

The French Socialist and Communist literature was thus
completely emasculated

По този начин френската социалистическа и
комунистическа литература е напълно осакатена

in the hands of the German philosophers it ceased to express
the struggle of one class with the other

в ръцете на германските философи тя престана да
изразява борбата на една класа с другата

and so the German philosophers felt conscious of having
overcome "French one-sidedness"

и така немските философи се чувстваха съзнателни, че са
преодолели "френската едностранчивост"

it did not have to represent true requirements, rather, it
represented requirements of truth

тя не трябва да представя истинските изисквания, а по-
скоро представя изискванията за истина

there was no interest in the proletariat, rather, there was
interest in Human Nature

нямаше интерес към пролетариата, по-скоро имаше
интерес към човешката природа

the interest was in Man in general, who belongs to no class,
and has no reality

интересът беше към човека изобщо, който не принадлежи
към никоя класа и няма реалност

a man who exists only in the misty realm of philosophical
fantasy

човек, който съществува само в мъгливото царство на
философската фантазия

but eventually this schoolboy German Socialism also lost its
pedantic innocence

но в крайна сметка този ученически немски социализъм
също загуби своята педантична невинност

the German Bourgeoisie, and especially the Prussian
Bourgeoisie fought against feudal aristocracy

германската буржоазия и особено пруската буржоазия се
борят срещу феодалната аристокрация

the absolute monarchy of Germany and Prussia was also
being faught against

абсолютната монархия на Германия и Прусия също е била
изправена срещу

and in turn, the literature of the liberal movement also
became more earnest

и на свой ред литературата на либералното движение
също става по-сериозна

Germany's long wished-for opportunity for "true" Socialism was offered

Отдавна желаната от Германия възможност за "истински" социализъм беше предложена

the opportunity of confronting the political movement with the Socialist demands

възможността да се противопостави на политическото движение със социалистическите искания

the opportunity of hurling the traditional anathemas against liberalism

възможността да се хвърлят традиционните анатеми срещу либерализма

the opportunity to attack representative government and Bourgeoisie competition

възможността да се атакува представителното правителство и буржоазната конкуренция

Bourgeoisie freedom of the press, Bourgeoisie legislation, Bourgeoisie liberty and equality

Буржоазия свобода на печата, буржоазно законодателство, буржоазия свобода и равенство

all of these could now be critiqued in the real world, rather than in fantasy

Всичко това вече може да бъде критикувано в реалния свят, а не във фантазията

feudal aristocracy and absolute monarchy had long preached to the masses

феодалната аристокрация и абсолютната монархия отдавна проповядват на масите

"the working man has nothing to lose, and he has everything to gain"

"Работещият човек няма какво да губи и има всичко да спечели".

the Bourgeoisie movement also offered a chance to confront these platitudes

буржоазното движение също предлага шанс да се изправи срещу тези баналности

the French criticism presupposed the existence of modern Bourgeoisie society

френската критика предполага съществуването на съвременното буржоазно общество

Bourgeoisie economic conditions of existence and Bourgeoisie political constitution

Икономически условия на съществуване на буржоазията и политическа конституция на буржоазията

the very things whose attainment was the object of the pending struggle in Germany

същите неща, чието постижение беше обект на предстоящата борба в Германия

Germany's silly echo of socialism abandoned these goals just in the nick of time

Глупавото ехо на социализма в Германия изостави тези цели точно навреме

the absolute governments had their following of parsons, professors, country squires and officials

Абсолютните правителства имаха своите последователи от свещеници, професори, провинциални оръженосци и служители

the government of the time met the German working-class risings with floggings and bullets

тогавашното правителство посрещна въстанията на германската работническа класа с бичуване и куршуми

for them this socialism served as a welcome scarecrow against the threatening Bourgeoisie

за тях този социализъм служи като желано плашило срещу заплашителната буржоазия

and the German government was able to offer a sweet dessert after the bitter pills it handed out

и германското правителство успя да предложи сладък десерт след горчивите хапчета, които раздаде

this "True" Socialism thus served the governments as a weapon for fighting the German Bourgeoisie

този "истински" социализъм служи на правителствата
като оръжие за борба с германската буржоазия
and, at the same time, it directly represented a reactionary
interest; that of the German Philistines
и в същото време тя пряко представляваше реакционен
интерес; това на германските филистимци
In Germany the petty Bourgeoisie class is the real social
basis of the existing state of things
В Германия дребната буржоазия е действителната
социална основа на съществуващото състояние на нещата
a relique of the sixteenth century that has constantly been
cropping up under various forms
реликва от шестнадесети век, която непрекъснато се
появява под различни форми
To preserve this class is to preserve the existing state of
things in Germany
Да се запази тази класа означава да се запази
съществуващото състояние на нещата в Германия
The industrial and political supremacy of the Bourgeoisie
threatens the petty Bourgeoisie with certain destruction
Индустриалното и политическо превъзходство на
буржоазията заплашва дребната буржоазия с неизбежно
унищожение
on the one hand, it threatens to destroy the petty Bourgeoisie
through the concentration of capital
от една страна, тя заплашва да унищожи дребната
буржоазия чрез концентрацията на капитала
on the other hand, the Bourgeoisie threatens to destroy it
through the rise of a revolutionary proletariat
от друга страна, буржоазията заплашва да я унищожи
чрез възхода на революционния пролетариат
"True" Socialism appeared to kill these two birds with one
stone. It spread like an epidemic
"Истинският" социализъм изглежда убива тези два заека с
един куршум. Разпространи се като епидемия

The robe of speculative cobwebs, embroidered with flowers of rhetoric, steeped in the dew of sickly sentiment

Робата от спекулативни паяжини, бродирани с цветя на реториката, потопени в росата на болезнените чувства

this transcendental robe in which the German Socialists wrapped their sorry "eternal truths"

тази трансцендентална мантия, в която германските социалисти обвиваха своите жалки "вечни истини"

all skin and bone, served to wonderfully increase the sale of their goods amongst such a public

цялата кожа и кости, послужили чудесно за увеличаване на продажбите на техните стоки сред такава публика

And on its part, German Socialism recognised, more and more, its own calling

И от своя страна германският социализъм все повече и повече признаваше собственото си призвание

it was called to be the bombastic representative of the petty-Bourgeoisie Philistine

той беше наречен да бъде бомбастичен представител на дребнобуржоазната филистимска

It proclaimed the German nation to be the model nation, and German petty Philistine the model man

Той провъзгласява германската нация за образцова нация, а германският дребен филистимец за образцов човек

To every villainous meanness of this model man it gave a hidden, higher, Socialistic interpretation

На всяка подла подлост на този образцов човек тя дава скрита, по-висша, социалистическа интерпретация

this higher, Socialistic interpretation was the exact contrary of its real character

това по-висше, социалистическо тълкуване беше точно обратното на нейния действителен характер

It went to the extreme length of directly opposing the "brutally destructive" tendency of Communism

Той стигна до крайност, за да се противопостави на "брутално разрушителната" тенденция на комунизма

and it proclaimed its supreme and impartial contempt of all class struggles

и провъзгласи своето върховно и безпристрастно презрение към всички класови борби

With very few exceptions, all the so-called Socialist and Communist publications that now (1847) circulate in Germany belong to the domain of this foul and enervating literature

С много малки изключения, всички така наречени социалистически и комунистически издания, които сега (1847 г.) циркулират в Германия, принадлежат към областта на тази мръсна и изтощителна литература

2) Conservative Socialism, or Bourgeoisie Socialism
2) Консервативен социализъм или буржоазен социализъм

A part of the Bourgeoisie is desirous of redressing social grievances
Част от буржоазията желае да поправи социалните оплаквания
in order to secure the continued existence of Bourgeoisie society
за да се осигури продължаването на съществуването на буржоазното общество
To this section belong economists, philanthropists, humanitarians
Към този раздел принадлежат икономисти, филантропи, хуманитаристи
improvers of the condition of the working class and organisers of charity
подобряват положението на работническата класа и организаторите на благотворителността
members of societies for the prevention of cruelty to animals
членове на дружества за превенция на жестокостта към животните
temperance fanatics, hole-and-corner reformers of every imaginable kind
фанатици на въздържанието, реформатори от всякакъв възможен вид
This form of Socialism has, moreover, been worked out into complete systems
Освен това тази форма на социализъм е разработена в цялостни системи
We may cite Proudhon's "Philosophie de la Misère" as an example of this form
Можем да цитираме "Philosophie de la Misère" на Прудон като пример за тази форма
The Socialistic Bourgeoisie want all the advantages of modern social conditions

Социалистическата буржоазия иска всички предимства на съвременните социални условия

but the Socialistic Bourgeoisie don't necessarily want the resulting struggles and dangers

но социалистическата буржоазия не иска непременно произтичащите от това борби и опасности

They desire the existing state of society, minus its revolutionary and disintegrating elements

Те желаят съществуващото състояние на обществото, без неговите революционни и разпадащи се елементи

in other words, they wish for a Bourgeoisie without a proletariat

с други думи, те желаят буржоазия без пролетариат

The Bourgeoisie naturally conceives the world in which it is supreme to be the best

Буржоазията естествено си представя света, в който е най-висшето да бъде най-доброто

and Bourgeoisie Socialism develops this comfortable conception into various more or less complete systems

и буржоазният социализъм развива тази удобна концепция в различни повече или по-малко завършени системи

they would very much like the proletariat to march straightway into the social New Jerusalem

те много биха искали пролетариатът веднага да влезе в социалния Нов Йерусалим

but in reality it requires the proletariat to remain within the bounds of existing society

но в действителност тя изисква пролетариатът да остане в рамките на съществуващото общество

they ask the proletariat to cast away all their hateful ideas concerning the Bourgeoisie

те искат от пролетариата да отхвърли всички свои мисли за буржоазията

there is a second more practical, but less systematic, form of this Socialism

има и втора, по-практична, но по-малко систематична форма на този социализъм

this form of socialism sought to depreciate every revolutionary movement in the eyes of the working class

Тази форма на социализъм се стреми да обезцени всяко революционно движение в очите на работническата класа

they argue no mere political reform could be of any advantage to them

те твърдят, че никоя политическа реформа не може да им бъде от полза

only a change in the material conditions of existence in economic relations are of benefit

Само промяната в материалните условия на съществуване в икономическите отношения е от полза

like communism, this form of socialism advocates for a change in the material conditions of existence

Подобно на комунизма, тази форма на социализъм се застъпва за промяна на материалните условия на съществуване

however, this form of socialism by no means suggests the abolition of the Bourgeoisie relations of production

но тази форма на социализъм съвсем не предполага премахване на буржоазните производствени отношения

the abolition of the Bourgeoisie relations of production can only be achieved through a revolution

премахването на буржоазните производствени отношения може да се постигне само чрез революция

but instead of a revolution, this form of socialism suggests administrative reforms

Но вместо революция, тази форма на социализъм предполага административни реформи

and these administrative reforms would be based on the continued existence of these relations

и тези административни реформи ще се основават на продължаващото съществуване на тези отношения

reforms, therefore, that in no respect affect the relations between capital and labour

реформи, които по никакъв начин не засягат отношенията между капитала и труда

at best, such reforms lessen the cost and simplify the administrative work of Bourgeoisie government

в най-добрия случай такива реформи намаляват разходите и опростяват административната работа на буржоазното правителство

Bourgeois Socialism attains adequate expression, when, and only when, it becomes a mere figure of speech

Буржоазният социализъм постига адекватен израз, когато и само когато се превърне в обикновена фигура на речта

Free trade: for the benefit of the working class

Свободна търговия: в полза на работническата класа

Protective duties: for the benefit of the working class

Защитни задължения: в полза на работническата класа

Prison Reform: for the benefit of the working class

Затворническа реформа: в полза на работническата класа

This is the last word and the only seriously meant word of Bourgeoisie Socialism

Това е последната дума и единствената сериозно замислена дума на буржоазния социализъм

It is summed up in the phrase: the Bourgeoisie is a Bourgeoisie for the benefit of the working class

Тя е обобщена във фразата: буржоазията е буржоазия в полза на работническата класа

3) Critical-Utopian Socialism and Communism
3) Критично-утопичен социализъм и комунизъм

We do not here refer to that literature which has always given voice to the demands of the proletariat
Тук не се позоваваме на онази литература, която винаги е давала глас на исканията на пролетариата

this has been present in every great modern revolution, such as the writings of Babeuf and others
това присъства във всяка велика модерна революция, като писанията на Бабьоф и други

The first direct attempts of the proletariat to attain its own ends necessarily failed
Първите преки опити на пролетариата да постигне собствените си цели неизбежно се провалиха

these attempts were made in times of universal excitement, when feudal society was being overthrown
Тези опити бяха направени във времена на всеобщо вълнение, когато феодалното общество беше свалено

the then undeveloped state of the proletariat led to those attempts failing
Тогава неразвитото състояние на пролетариата доведе до провал на тези опити

and they failed due to the absence of the economic conditions for its emancipation
и те се провалиха поради липсата на икономически условия за нейното освобождение

conditions that had yet to be produced, and could be produced by the impending Bourgeoisie epoch alone
условия, които тепърва предстоеше да бъдат създадени и можеха да бъдат произведени само от настъпващата епоха на буржоазията

The revolutionary literature that accompanied these first movements of the proletariat had necessarily a reactionary character

Революционната литература, която съпровождаше тези
първи движения на пролетариата, имаше по
необходимост реакционен характер
**This literature inculcated universal asceticism and social
levelling in its crudest form**
Тази литература внушава универсален аскетизъм и
социално изравняване в най-грубата му форма
**The Socialist and Communist systems, properly so called,
spring into existence in the early undeveloped period**
Социалистическата и комунистическата системи, в
собствения си текст, възникват в ранния неразвит период
**Saint-Simon, Fourier, Owen and others, described the
struggle between proletariat and Bourgeoisie (see Section 1)**
Сен-Симон, Фурие, Оуен и други описват борбата между
пролетариата и буржоазията (виж раздел 1)
**The founders of these systems see, indeed, the class
antagonisms**
Основателите на тези системи наистина виждат класовите
антагонизми
**they also see the action of the decomposing elements, in the
prevailing form of society**
те също така виждат действието на разлагащите се
елементи в преобладаващата форма на обществото
**But the proletariat, as yet in its infancy, offers to them the
spectacle of a class without any historical initiative**
Но пролетариатът, все още в зародиш, им предлага
спектакъла на класа без никаква историческа инициатива
**they see the spectacle of a social class without any
independent political movement**
те виждат спектакъла на социална класа без независимо
политическо движение
**the development of class antagonism keeps even pace with
the development of industry**
Развитието на класовия антагонизъм върви в крак с
развитието на индустрията

so the economic situation does not as yet offer to them the
material conditions for the emancipation of the proletariat
така че икономическото положение все още не им
предлага материални условия за освобождение на
пролетариата
They therefore search after a new social science, after new
social laws, that are to create these conditions
Затова те търсят нова обществена наука, нови социални
закони, които да създадат тези условия
historical action is to yield to their personal inventive action
историческото действие е да се поддадат на личното си
изобретателско действие
historically created conditions of emancipation are to yield
to fantastic conditions
Исторически създадените условия за еманципация трябва
да отстъпят пред фантастични условия
and the gradual, spontaneous class-organisation of the
proletariat is to yield to the organisation of society
а постепенната, спонтанна класова организация на
пролетариата трябва да отстъпи пред организацията на
обществото
the organisation of society specially contrived by these
inventors
организацията на обществото, специално измислена от
тези изобретатели
Future history resolves itself, in their eyes, into the
propaganda and the practical carrying out of their social
plans
Бъдещата история се превръща в техните очи в
пропагандата и практическото осъществяване на техните
социални планове
In the formation of their plans they are conscious of caring
chiefly for the interests of the working class
При формирането на своите планове те съзнават, че се
грижат главно за интересите на работническата класа

Only from the point of view of being the most suffering class does the proletariat exist for them

Само от гледна точка на най-страдащата класа пролетариатът съществува за тях

The undeveloped state of the class struggle and their own surroundings inform their opinions

Неразвитото състояние на класовата борба и собственото им обкръжение формират техните мнения

Socialists of this kind consider themselves far superior to all class antagonisms

Социалистите от този вид се смятат за много по-висши от всички класови антагонизми

They want to improve the condition of every member of society, even that of the most favoured

Те искат да подобрят положението на всеки член на обществото, дори и на най-облагодетелстваните

Hence, they habitually appeal to society at large, without distinction of class

Следователно те обикновено се обръщат към обществото като цяло, без разлика на класата

nay, they appeal to society at large by preference to the ruling class

нещо повече, те се обръщат към обществото като цяло, като предпочитат управляващата класа

to them, all it requires is for others to understand their system

за тях всичко, което се изисква, е другите да разберат тяхната система

because how can people fail to see that the best possible plan is for the best possible state of society?

Защото как може хората да не виждат, че най-добрият възможен план е за възможно най-доброто състояние на обществото?

Hence, they reject all political, and especially all revolutionary, action

Следователно те отхвърлят всички политически и особено всички революционни действия

they wish to attain their ends by peaceful means

Те искат да постигнат целите си по мирен път

they endeavour, by small experiments, which are necessarily doomed to failure

те се опитват чрез малки експерименти, които по необходимост са обречени на провал

and by the force of example they try to pave the way for the new social Gospel

и със силата на примера те се опитват да проправят пътя за новото социално Евангелие

Such fantastic pictures of future society, painted at a time when the proletariat is still in a very undeveloped state

Такива фантастични картини на бъдещото общество, нарисувани във време, когато пролетариатът е все още в много неразвито състояние

and it still has but a fantastical conception of its own position

и все още има само фантастична представа за собственото си положение

but their first instinctive yearnings correspond with the yearnings of the proletariat

но техните първи инстинктивни копнежи съответстват на копнежите на пролетариата

both yearn for a general reconstruction of society

и двамата копнеят за цялостно преустройство на обществото

But these Socialist and Communist publications also contain a critical element

Но тези социалистически и комунистически публикации съдържат и критичен елемент

They attack every principle of existing society

Те атакуват всеки принцип на съществуващото общество

Hence they are full of the most valuable materials for the enlightenment of the working class

Затова те са пълни с най-ценни материали за
просвещението на работническата класа
**they propose abolition of the distinction between town and
country, and the family**
те предлагат премахване на разграничението между град и
село и семейство
**the abolition of the carrying on of industries for the account
of private individuals**
премахване на извършването на промишленост за сметка
на частни лица
**and the abolition of the wage system and the proclamation
of social harmony**
и премахването на системата на заплатите и
провъзгласяването на социална хармония
**the conversion of the functions of the State into a mere
superintendence of production**
превръщането на функциите на държавата в обикновен
надзор на производството
**all these proposals, point solely to the disappearance of class
antagonisms**
Всички тези предложения сочат единствено към
изчезването на класовите противоречия
class antagonisms were, at that time, only just cropping up
По това време класовите антагонизми едва се появяват
**in these publications these class antagonisms are recognised
in their earliest, indistinct and undefined forms only**
В тези публикации тези класови противоречия се
разпознават само в най-ранните, неясни и неопределени
форми
These proposals, therefore, are of a purely Utopian character
Следователно тези предложения са от чисто утопичен
характер
**The significance of Critical-Utopian Socialism and
Communism bears an inverse relation to historical
development**

Значението на критическо-утопичния социализъм и
комунизма има обратна връзка с историческото развитие
**the modern class struggle will develop and continue to take
definite shape**
Съвременната класова борба ще се развива и ще
продължи да придобива определена форма
**this fantastic standing from the contest will lose all practical
value**
Това фантастично положение от състезанието ще загуби
всякаква практическа стойност
**these fantastic attacks on class antagonisms will lose all
theoretical justification**
Тези фантастични атаки срещу класовите противоречия
ще загубят всякаква теоретична обосновка
**the originators of these systems were, in many respects,
revolutionary**
Създателите на тези системи бяха в много отношения
революционни
**but their disciples have, in every case, formed mere
reactionary sects**
но техните ученици във всеки случай са формирали
обикновени реакционни секти
They hold tightly to the original views of their masters
Те се придържат здраво към оригиналните възгледи на
своите господари
**but these views are in opposition to the progressive
historical development of the proletariat**
но тези възгледи са в противоречие с прогресивното
историческо развитие на пролетариата
**They, therefore, endeavour, and that consistently, to deaden
the class struggle**
Затова те се стремят и то последователно да умъртвят
класовата борба
**and they consistently endeavour to reconcile the class
antagonisms**

и те последователно се стремят да примирят класовите
противоречия
They still dream of experimental realisation of their social
Utopias
Те все още мечтаят за експериментална реализация на
своите социални утопии
they still dream of founding isolated "phalansteres" and
establishing "Home Colonies"
те все още мечтаят да основават изолирани "фаланстери" и
да създадат "домашни колонии"
they dream of setting up a "Little Icaria" — duodecimo
editions of the New Jerusalem
те мечтаят да създадат "Малката Икария" – дуодецимо
издания на Новия Йерусалим
and they dream to realise all these castles in the air
и мечтаят да реализират всички тези въздушни замъци
they are compelled to appeal to the feelings and purses of
the bourgeois
те са принудени да се обръщат към чувствата и кесиите на
буржоазията
By degrees they sink into the category of the reactionary
conservative Socialists depicted above
Постепенно те потъват в категорията на реакционните
консервативни социалисти, описани по-горе
they differ from these only by more systematic pedantry
те се различават от тях само по по-систематична
педантичност
and they differ by their fanatical and superstitious belief in
the miraculous effects of their social science
и те се различават по своята фанатична и суеверна вяра в
чудотворните ефекти на тяхната социална наука
They, therefore, violently oppose all political action on the
part of the working class
Затова те яростно се противопоставят на всякакви
политически действия от страна на работническата класа

such action, according to them, can only result from blind unbelief in the new Gospel

такива действия, според тях, могат да бъдат резултат само от сляпо неверие в новото Евангелие

The Owenites in England, and the Fourierists in France, respectively, oppose the Chartists and the "Réformistes"

Оуенитите в Англия и фуриеристите във Франция, съответно, се противопоставят на чартистите и "реформистите"

Position of the Communists in Relation to the Various Existing Opposision Parties
Позиция на комунистите по отношение на различните съществуващи опозиционни партии

Section II has made clear the relations of the Communists to the existing working-class parties
Раздел II изясни отношенията на комунистите със съществуващите партии на работническата класа

such as the Chartists in England, and the Agrarian Reformers in America
като чартистите в Англия и аграрните реформатори в Америка

The Communists fight for the attainment of the immediate aims
Комунистите се борят за постигане на непосредствените цели

they fight for the enforcement of the momentary interests of the working class
те се борят за налагане на моментните интереси на работническата класа

but in the political movement of the present, they also represent and take care of the future of that movement
но в политическото движение на настоящето те също представляват и се грижат за бъдещето на това движение

In France the Communists ally themselves with the Social-Democrats
Във Франция комунистите се съюзяват със социалдемократите

and they position themselves against the conservative and radical Bourgeoisie
и те се противопоставят на консервативната и радикална буржоазия

however, they reserve the right to take up a critical position in regard to phrases and illusions traditionally handed down from the great Revolution

те обаче си запазват правото да заемат критична позиция
по отношение на фразите и илюзиите, традиционно
предавани от Великата революция
**In Switzerland they support the Radicals, without losing
sight of the fact that this party consists of antagonistic
elements**
В Швейцария те подкрепят радикалите, без да изпускат от
поглед факта, че тази партия се състои от антагонистични
елементи
**partly of Democratic Socialists, in the French sense, partly of
radical Bourgeoisie**
отчасти на демократичните социалисти, във френския
смисъл, отчасти на радикалната буржоазия
**In Poland they support the party that insists on an agrarian
revolution as the prime condition for national emancipation**
В Полша подкрепят партията, която настоява за аграрна
революция като основно условие за национална
еманципация
**that party which fomented the insurrection of Cracow in
1846**
партията, която подклажда въстанието в Краков през 1846
г.
**In Germany they fight with the Bourgeoisie whenever it acts
in a revolutionary way**
В Германия се борят с буржоазията, когато тя действа по
революционен начин
**against the absolute monarchy, the feudal squirearchy, and
the petty Bourgeoisie**
срещу абсолютната монархия, феодалното
мързилекарство и дребната буржоазия
**But they never cease, for a single instant, to instil into the
working class one particular idea**
Но те не спират нито за миг да внушат на работническата
класа една особена идея
**the clearest possible recognition of the hostile antagonism
between Bourgeoisie and proletariat**

възможно най-ясно признаване на враждебния антагонизъм между буржоазията и пролетариата

so that the German workers may straightaway use the weapons at their disposal

за да могат германските работници веднага да използват оръжията, с които разполагат.

the social and political conditions that the Bourgeoisie must necessarily introduce along with its supremacy

социалните и политическите условия, които буржоазията трябва да въведе заедно със своето върховенство

the fall of the reactionary classes in Germany is inevitable

падението на реакционните класи в Германия е неизбежно

and then the fight against the Bourgeoisie itself may immediately begin

и тогава веднага може да започне борбата срещу самата буржоазия

The Communists turn their attention chiefly to Germany, because that country is on the eve of a Bourgeoisie revolution

Комунистите насочват вниманието си главно към Германия, защото тази страна е в навечерието на буржоазната революция

a revolution that is bound to be carried out under more advanced conditions of European civilisation

революция, която непременно ще бъде извършена в по-напредналите условия на европейската цивилизация

and it is bound to be carried out with a much more developed proletariat

и това ще бъде извършено с много по-развит пролетариат

a proletariat more advanced than that of England was in the seventeenth, and of France in the eighteenth century

пролетариат, по-напреднал от този на Англия през XVII и на Франция през XVIII в.

and because the Bourgeoisie revolution in Germany will be but the prelude to an immediately following proletarian revolution

и защото буржоазната революция в Германия ще бъде само прелюдия към непосредствено следващата пролетарска революция

In short, the Communists everywhere support every revolutionary movement against the existing social and political order of things

Накратко, комунистите навсякъде подкрепят всяко революционно движение срещу съществуващия обществен и политически ред на нещата

In all these movements they bring to the front, as the leading question in each, the property question

Във всички тези движения те извеждат на преден план като водещ въпрос във всяко от тях въпросът за собствеността

no matter what its degree of development is in that country at the time

без значение каква е степента му на развитие в тази страна по това време

Finally, they labour everywhere for the union and agreement of the democratic parties of all countries

И накрая, те работят навсякъде за съюза и съгласието на демократичните партии на всички страни

The Communists disdain to conceal their views and aims

Комунистите пренебрегват да прикриват своите възгледи и цели

They openly declare that their ends can be attained only by the forcible overthrow of all existing social conditions

Те открито заявяват, че техните цели могат да бъдат постигнати само чрез насилствено отхвърляне на всички съществуващи обществени условия

Let the ruling classes tremble at a Communistic revolution

Нека управляващите класи треперят от комунистическата революция

The proletarians have nothing to lose but their chains

Пролетариите нямат какво да губят, освен веригите си

They have a world to win

Те имат свят за спечелване
WORKING MEN OF ALL COUNTRIES, UNITE!
РАБОТНИЦИ ОТ ВСИЧКИ СТРАНИ, ОБЕДИНЯВАЙТЕ
СЕ!